LA COMTESSE DU BARRY

CHRISTIANE GIL

LA COMTESSE DU BARRY

Pygmalion
Gérard Watelet
Paris

DU MÊME AUTEUR

Jeanne de Naples et le grand schisme d'Occident, Editions Le Sémaphore, 2001.
La Puttana, Editions Stock, 1983.
Le Scorpion de Ferrare, Editions Stock, 1984.
Le paradisio, Editions Stock, 1985.
Un carré de reines, ou les quatre sœurs de Provence, Editions Mercure de France, 1986.
Renée de France, Editions Perrin, 1990.
Machiavel, fonctionnaire florentin, Editions Perrin, 1993.

ISBN 2-85704-721.5

Ci-gît une insigne catin
Qui d'abord fut fille publique
Et qui bientôt après devint
Maîtresse d'un prince lubrique
Qu'on disait pourtant très chrétien...

(Epitaphe de Mme du Barry,
faite avant le 9 Thermidor)

Cette fille était une femme,
et cette femme était une dame...

(*Les Brissac, Maison de Cossé.*
Duc de Brissac).

PREMIÈRE PARTIE

LES COULOIRS DE LA GALANTERIE

I

1743-1767

Fin 18ème siècle

Le dix-neuvième d'août mil sept cent quarante-trois est née et a été baptisée le même jour Jeanne, fille naturelle d'Anne Bécu dite Cantigny, et a eu pour parrain Joseph Demange et pour marraine Jeanne Birabin qui ont signé avec nous.

signé L. Gahon, vicaire de Vaucouleurs, Joseph Demange, Jeanne Birabin.

Tel est l'original du registre des baptêmes de Vaucouleurs.

Pourtant, produit lors du mariage de la même Jeanne en 1768, l'extrait certifié conforme au registre par le curé de la paroisse et par le commissaire-questeur, examinateur de la ville et de la prévôté de Vaucouleurs, affirme :

Jeanne, fille de Jean-Jacques Gomard de Vaubernier et d'Anne Bécu, est née le dix-neuf août mil-sept-cent-quarante-six, a été baptisée le même jour et a eu pour parrain Joseph de Mange et pour marraine Jeanne de Birabin.

Vingt-cinq ans séparent les deux rédactions, le temps pour Jeanne Bécu de devenir, sous l'identité de Jeanne Gomard de Vaubernier, la comtesse du Barry, afin que s'ouvrent pour elle les portes de Versailles, « Le bon usage de la Cour, a-t-on écrit [1],

1. G. Chaussinand-Nogaret, *Choiseul. Naissance de la gauche*, 1998.

exigeant que les femmes que l'on destinait aux plaisirs du roi offrissent à la libido royale une cuisse armoriée, les putes devaient impérativement figurer à l'armorial, leur blason eût-il déjà beaucoup servi ».

Si l'itinéraire de Jeanne Bécu a bien été celui d'une « prostituée de la plus belle eau » offerte « au rut de la luxure royale » pour assouvir « la passion sénile » de Louis XV « pour une fille publique », tout serait dit.

Est-il néanmoins permis de faire ainsi litière de vingt ans de la vie d'une femme qui certes n'était pas une rosière, mais dont ses contemporains ont pu louer « la bonté, la décence du ton, la noblesse des manières, le maintien également éloigné de l'orgueil et de l'humilité, comme de la licence et de la pruderie [1] », une femme qui fut, durant les quinze dernière années de son existence, l'objet de l'amour ardent et respectueux du duc de Brissac, « le dernier des preux » ?

Quelles contradictions dans ce que l'on donne à lire de la du Barry ! Elles justifient à elles seules que l'on prenne le temps « de commencer par le commencement » :

La petite enfance de Jeanne, fille naturelle d'Anne Bécu, lingère de son état – tout le monde là est d'accord –, se déroule à Vaucouleurs, sous les murs du château de Baudricourt d'où une autre Jeanne partit pour Chinon et l'héroïque aventure qui s'ensuivit. La ville, encore frontière entre la France et la Lorraine, était « le lieu le plus triste de la Champagne et par conséquent de tout l'univers », dira le beau et fringant duc de Lauzun qui y rejoignit son régiment. Pas aussi triste que cela pour les jolies filles de cette ville de garnison. Les régiments français et suisses, les corps d'infanterie et de cavalerie leur offraient multiples occasions de rencontres, fussent-elles sans lendemain. Peut-être Jeanne Bécu aura été le fruit de l'une d'elles, car si une tradition biographique moutonnière fait de son père un moine du couvent de Picpus, Jean-Baptiste Gomard, en religion frère Ange, il n'en est aucune preuve. On prétend en trouver dans le nom emprunté par Jeanne, dite Mlle Lange au début de sa carrière galante, et dans le fait qu'un « Messer Jean-Baptiste Gomard de Vaubernier » prétendu

1. Comte d'Allonville, *Mémoires secrets 1770-1830.*

« prêtre, aumônier du roi » représentait la famille à son mariage. C'est mince. La disparition des listes nominales lors de la fermeture des cloîtres en 1790 et la dispersion de l'ordre des Picpus ne permettent pas d'affirmer qu'il y eut bien à Vaucouleurs un Gomard parmi les religieux, et encore moins un Gomard de Vaubernier.

Quoi qu'il en soit du géniteur, dont le seul intérêt, s'il s'agissait bien d'un moine, serait d'ajouter du romanesque ou du sulfureux à l'histoire, il est difficile d'attribuer à Anne Bécu le rôle de la fille naïve et séduite des romans de gare. Anne avait trente ans à la naissance de Jeanne, et on doute que sa beauté ait attendu jusque-là pour attirer des galants.

Anne Bécu était belle. Toutes les filles de Fabien Bécu, qui passait dans sa jeunesse pour le plus bel homme de Paris, l'étaient, et sa petite-fille Jeanne le sera plus encore. Son héritage ! Rôtisseur comme son père, le beau Fabien Bécu avait tourné la tête d'une dame Cantigny, authentique comtesse de Montrabé. Foulant aux pieds les lois de sa caste, la dame avait épousé son beau cuisinier et perdu avec lui sa réputation puis, très vite, sa fortune. Devenu veuf et remarié avec une femme de chambre dont il eut six enfants, Fabien Bécu avait gardé indûment le nom de Cantigny ajouté au sien pour se consoler d'être retourné à son état premier, au service d'une maîtresse de Louis XIV exilée à Vaucouleurs. Ceci explique et le lieu de la naissance de Jeanne et le nom de sa mère « dite Cantigny ».

Cette naissance, sûrement pas le premier avatar de la vie d'Anne Bécu, fut suivie, deux ans plus tard, de celle d'un fils dont on ne connaît pas plus le père et qui semble avoir peu vécu. Anne, qui n'était donc pas un parangon de vertu, débarqua peu après à Paris. Ses frères et sa sœur y étaient placés comme laquais et femme de chambre, qui à l'hôtel de Stanislas Leczinski, le père de la reine, qui chez le duc de Grammont, qui chez la duchesse d'Antin, et même, dit-on, chez la Pompadour, les communs de ces hôtels comprenant d'innombrables domestiques dont le seul rôle était d'affirmer l'éclat de la maison.

Anne Bécu échoue moins glorieusement chez la maîtresse en titre de Brillat-Dumonceaux, un opulent financier, trésorier-payeur des rentes de l'Hôtel de Paris et munitionnaire chargé, entre autres offices, des fournitures aux armées de l'Est. De passage à Vaucouleurs, Brillat-Dumonceaux s'était intéressé au sort de la belle et l'avait convaincue de changer d'air et de vie.

Voici donc Anne et sa fille chez la Francesca (ou Frédérique), une superbe rousse « renommée pour son libertinage au déduit », selon les inspecteurs de M. de Sartine, le lieutenant général de police, « une soupeuse de la petite maison de la Brissault et autres ». Bref une courtisane sans scrupules envers le financier qui l'entretenait.

Après avoir raffolé de la petite Jeanne que Brillat-Dumonceaux appelle « l'Ange » et dont il se plaît à dessiner au pastel le blond et angélique minois, Francesca se lasse de jouer à la poupée ou s'agace de la présence d'une beauté précoce et déjà enjôleuse. Elle se débarrasse de la mère – peut-être trop peu discrète – et de la fille.

Anne a trouvé un mari en la personne d'un domestique, Nicolas Rançon, auquel, dès le mariage, le bon Dumonceaux a procuré un poste de garde-magasinier. On met l'enfant au couvent Sainte-Aure, chez les Adoratrices du Sacré-Cœur, rue Neuve Sainte-Geneviève.

Fondée par le curé de Saint-Etienne-du-Mont pour servir d'asile aux jeunes filles de sa paroisse que la misère avait plongées dans le libertinage, cette institution s'était ouverte, selon le *Tableau de l'humanité et de la bienfaisance*, « à toutes les jeunes personnes qui, nées d'une famille honnête, se trouvaient dans des circonstances où elles couraient le risque de se perdre ». Moyennant une pension modique, les religieuses leur assuraient, outre une éducation chrétienne, une instruction convenable aux filles de ce temps.

La parenté d'Anne Bécu avec Philippe Bécu, prêtre à Saint-Nicolas-des-Champs, un « oncle à la mode de Bretagne » dont elle revendiquera un jour l'héritage, dut suffire à garantir l'honnêteté de la famille, mais il est probable que ce fut le financier qui se chargea de la pension.

Une fois payées les dix livres pour le lit, Jeanne, six ans, fait son entrée au couvent, munie de deux paires de draps et des six serviettes exigées pour le trousseau. Elle va y rester neuf ans, revêtue de l'austère uniforme de serge blanche, ses cheveux blonds voilés d'étamine noire, le front ceint d'un bandeau de toile comme la guimpe sans empois ni guipure et chaussée de sandales de cuir fauve.

A la discipline de l'habit répondait celle de la vie au couvent : lever à cinq heures, messe à sept, entendue dans l'église privée, dîner – notre déjeuner – à onze, souper à six, coucher et extinction des lumières à neuf.

On ne sait rien du comportement de Jeanne commc couventine, sinon ce qui est dû à l'imagination fertile de ses détracteurs. Mais il est certain que rien ne vint éteindre la gaieté qui fut la marque de son caractère, ni brider sa spontanéité.

Elle acquiert chez les religieuses l'art de tourner de jolies lettres d'une écriture fine et élégante, même si orthographe et grammaire y laissent à désirer, une insuffisance partagée avec de grandes dames de son époque et même par Mme Geoffrin qui passait pour femme de lettres. Le prince de Ligne, sur la fin de sa vie, regrettera le bon vieux temps où « les femmes faisaient des fautes d'orthographe » !

Le contenu de la bibliothèque de Louveciennes, sa dernière et chère demeure, fait croire que Jeanne avait retiré de cette formation première le goût des choses de l'esprit ; c'est peut-être négliger que l'acquisition d'une bibliothèque et les services d'un bibliothécaire allaient avec l'aménagement d'un château. La du Barry, loin d'être inculte, frottée qu'elle fut toute sa vie aux gens d'esprit, avait plus le goût des toilettes et des parures que celui des idées ; elle ne prétendra pas régner sur les lettres comme une Pompadour, même si elle révérera Voltaire. Le programme des religieuses comprenait les arts d'agrément, mais la sûreté de son goût en matière de décoration et d'ameublement, Jeanne ne la devra qu'à elle-même, comme son amour de la bonne chère à ses aïeux rôtisseurs !

Les jeunes filles de la société ne sortaient du couvent que pour se marier. Nul mariage n'attend Jeanne Bécu. L'imagination des Goncourt nous la dépeint à quinze ans, livrée à la rue, à ses tentations et à ses dangers. Ils la voient, telle la *Mignonne* de Rétif de La Bretonne colportant sa bimbeloterie dans une boîte suspendue par un cordon à son joli cou. Panneau misérabiliste, face à celui de la galerie des Glaces dans le triptyque de la vie de l'héroïne.

La réalité est plus banale. Jeanne vit chez sa mère et son beau-père. On lui cherche un métier. Coiffeuse ? Pourquoi pas ? Un jeune coiffeur nommé Lamez, rencontré dans les communs de la maison où la sœur d'Anne était employée, en a donné l'idée, s'offrant même à enseigner à Jeanne tous les secrets de « l'art de friser ». Un sésame qui lui aurait ouvert les portes du beau monde.

Aucune femme de qualité ne se passerait d'un ou d'une artiste capillaire, à l'heure de sa toilette qui était aussi l'heure des visites. La beauté déjà remarquable de sa fille ne manquerait pas d'attirer l'attention de quelque gentilhomme, songe sûrement Anne en autorisant les leçons à domicile du jeune Lamez.

Elles durèrent cinq mois. Il en aurait fallu beaucoup plus pour rendre Jeanne capable de reproduire les quarante-deux coiffures inventées et exposées par Legros dans son *Art de la coiffure des dames françaises.* Mais l'enseignement de Lamez fut brutalement interrompu par l'intrusion de sa mère chez les Rançon, l'injure à la bouche. Anne s'entendit traitée de maquerelle et sa fille de putain, de croqueuse d'économies du jeune homme naïf qu'elle avait pris dans ses rets, accusation que, dans sa fureur, la virago alla répandre dans tout l'immeuble et le quartier, menaçant même de déposer un placet chez le curé de la paroisse, chargé comme tous ses confrères de veiller à la respectabilité du quartier et d'en chasser les gens de mauvaise vie, voire de les faire conduire en prison.

Incontinent, Anne, accompagnée de sa fille, alla déposer une plainte en diffamation auprès du commissaire de police. Il faut croire que la bonne tenue de la jeune personne ne prêtait pas à confusion, car la plainte fut déclarée recevable. Elle n'eut apparemment aucune suite. Néanmoins, l'histoire fut déterrée à l'époque de la Favorite. Tout Paris chanta ce couplet :

Je sais qu'autrefois les laquais
Ont fêté ses jeunes attraits,
Que les cochers, les perruquiers
l'aimaient, l'aimaient d'amour extrême...

On abandonna la coiffure pour une autre orientation, sans perdre de vue l'intérêt d'introduire Jeanne, d'une manière ou d'une autre, dans la bonne société. Brillat-Dumonceaux, qui continuait à s'intéresser à la famille Rançon (on peut douter que ce fût par seul esprit de bienfaisance !), usa de ses relations. Jeanne fut engagée peut-être comme lectrice, car elle n'avait pas l'âge d'une dame de compagnie, ou comme « figurante » chez l'excentrique Mme Delay de la Garde, la riche veuve d'un fermier général, si férue de comédie qu'elle animait un théâtre d'amateurs dans son château de la Courneuve, une folie de l'époque que la Pompadour avait encouragée à Versailles.

En dépit des vertueuses protestations d'Anne Rançon et de sa déposition au commissariat, il serait étonnant que les leçons de coiffure n'aient pas favorisé une idylle entre les jeunes gens. A quinze ans, au couvent, on rêve d'amour ! De l'aveu même d'Anne, Lamez était souvent retenu à dîner chez les Rançon. C'est cependant au château de la Courneuve que Jeanne fit l'expérience du pouvoir de « ces qualités extérieures si souvent fatales à la vertu », comme disaient les religieuses de Sainte-Aure.

La veuve avait deux fils d'une trentaine d'années, tous deux mariés. Le cadet avec une jeune femme restée célèbre pour ses goûts sexuels. Jeanne répugna à les partager, mais si elle repoussa les propositions de l'épouse, elle accueillit, dit-on, celles du mari, et même celles de l'aîné de la Garde. Est-ce ce scandale ou un autre de même nature qui amena soudainement Mme de la Garde à se séparer de sa trop jolie lectrice ?

Du jour au lendemain, Jeanne se trouve sans emploi. Pas pour longtemps. Elle n'a besoin d'aucune intervention pour se faire embaucher à *La Toilette,* la boutique de modes en vogue, rue Saint-Honoré. M. Labille, le patron, avait mesuré d'un seul coup d'œil l'intérêt d'engager une vendeuse aussi jolie et aimable qui ne manquerait pas d'attirer le chaland. Jeanne était de surcroît à son affaire. Au château de la Courneuve, elle s'est grisée de luxe. Elle adore les dentelles et les colifichets, et sait mettre en valeur les toilettes en rêvant qu'elles sont siennes.

L'accorte employée ne tarda pas à devenir le point de mire des gentilshommes désœuvrés qui faisaient les cent pas devant les vitrines de la boutique, se hasardant même à y pénétrer pour lui glisser un billet de rendez-vous. La clientèle de Labille n'était pas exclusivement féminine, et la présence de Mlle Lange – le nom que Jeanne avait pris et qui lui seyait si bien – appâtait officiers et financiers. « Elle était, dit le comte d'Espinchal, d'une tournure tellement remarquable qu'elle était déjà connue par les grands amateurs de la capitale. » Fréquentaient aussi la boutique des peintres et des sculpteurs, amis de la fille de Labille, Adélaïde, qui devait plus tard se faire un nom dans le monde de l'art. « A cette époque elle était si jolie, si agréable, note encore d'Espinchal à propos de Jeanne, que plusieurs peintres la recherchaient pour servir de modèle. »

Mlle Lange se donne du bon temps le dimanche, car durant la semaine, Labille, soucieux du bon renom de la maison, veille sur la vertu de ses employées contraintes de prendre leur repas en commun et de coucher dans un dortoir où leur présence était vérifiée. Mais, le dimanche, Jeanne vole là où le plaisir la porte, heureuse d'être belle et courtisée. Il ne s'agit pas de débauche mais de bonheur de vivre. Cependant ni folle ni étourdie, consciente que sa jeunesse et sa beauté constituent un capital à ne pas dilapider, elle n'accepte de rencontres que de qualité. Les propositions sont nombreuses.

Pure calomnie que de la voir, comme certains, recourir aux services d'une « procureuse ». Nul besoin d'une maquerelle et encore moins de se faire « raccrocheuse dans les rues » quand on répond au célèbre portrait du prince de Ligne [1] : « Grande, bien faite, blonde à ravir, front dégagé, visage ovale avec de petits signes sur la joue pour la rendre piquante comme pas d'autre, bouche au rire leste, peau fine, poitrine à contrarier le monde… »

Jeanne éveille l'attention de la police qui surveille de près le monde de la galanterie et de la prostitution. Deux mondes qu'il ne faut pas confondre. « Mlle Lange, nouvelle venue dans les couloirs de la galanterie », note, en 1761, le commissaire de police Marais.

Fille légère, oui, dans un siècle où le plaisir règne en maître, où les liaisons s'affichent et où la pudeur n'est qu'une « belle vertu qu'on attache sur soi avec des épingles [2] » !

Fille publique, non. Dans les registres de M. de Sartine rigoureusement tenus à jour, aucune liste ne portera jamais le nom de Lange, ni celui de Beauvernier que Jeanne empruntera par la suite. On ne le trouvera pas non plus dans *L'état des Filles galantes en 1764*, ouvrage qui fait autorité. A supposer que la vigilance de la police ait été prise en défaut, l'auteur du *Pornographe* attestera que « l'intéressée n'a jamais fréquenté de mauvais lieu public ».

Le « certificat » délivré ainsi par Rétif de La Bretonne n'est pas pour autant un certificat de moralité ! Il est des mauvais lieux autres que publics. Il en est de privés fort malodorants, comme

1. Belge de naissance, prince d'Empire, homme de guerre au service de l'Autriche. Envoyé à la cour de Louis XV, au temps de Mme de Pompadour, il y vivra de longues années et laissera des *Mémoires* où il se montre subtil observateur.

2. Mme d'Epinay.

celui où le duc de Lauzun rencontra en 1764 Jeanne devenue la maîtresse du comte Jean du Barry : « On voyait avec peine un pareil trésor aux mains d'un tel homme : pour mon compte, je crus voir une tige de rose se balançant au-dessus d'un égout infect. Du Barry donnait à jouer ; les rapines qu'il commettait au jeu étaient son seul patrimoine ; aussi se montrait-il fort ardent à recruter des dupes. Au ton de la maison, je ne tardai pas à découvrir quelles en étaient les habitudes ; les fréquentes disparitions de fort jolies filles et d'empressés gentilshommes ; l'inattention du maître aux fugues des couples galants ; les cheveux défrisés, les yeux battus que je remarquais au retour, tout me disait le motif de ces éclipses momentanées et je devinai que le bel Ange n'avait pas encore disparu parce qu'on avait des vues sur moi. L'enchanteresse s'était déjà mise en avance de serrement de mains très expressif ; ses petits pieds, sous la table du jeu, n'avaient pas parlé un langage moins significatif. Mais jugez de mon embarras ! L'Ange demeurait chez le comte du Barry ; et voyez sous quel aspect s'offrait ce partenaire avoué de sa couche : il était en superbe déshabillé et pourtant il avait son chapeau sur la tête, parce que ce couvre-chef servait à contenir deux pommes cuites appliquées sur ses yeux par mesure sanitaire. Rien de mieux pour rire, mais je ne voyais rien là de bien encourageant pour accepter la cession instantanée d'une maîtresse. L'Ange battit vainement de l'aile autour de moi : le souvenir des pommes cuites et des yeux rouges vint à temps à mon secours. »

Comment Jeanne en est-elle arrivée là ?

Mlle Lange, « la grisette jolie, friponne et qui ne demandait pas mieux » des rapports de police, avait quitté la maison Labille, enlevée par un gros marchand de soieries auquel ont succédé, on n'ose écrire « dans le cœur de la belle », un abbé, un colonel, un grand commis de la marine et un financier. Brèves aventures pour Jeanne jusqu'à sa rencontre avec l'homme qui devait décider de son destin et lui donner un nom retenu par l'Histoire : Jean du Barry.

Le surnom de « le Roué » accolé à du Barry, nom d'une honorable famille désargentée du Languedoc mais qui pouvait justifier de quatre quartiers de noblesse, suffit à dépeindre le personnage, comme le témoignage de Lauzun cité *supra* saura faire comprendre la principale source de ses revenus : le jeu et les femmes. Les ressources officielles du Roué provenaient d'intérêts dans des opérations munitionnaires tant pour la marine que pour la Corse [1]. Ces intérêts, le ministre les lui avait accordés, de guerre lasse, importuné par ses prétentions à une mission diplomatique.

C'est probablement à l'occasion d'une de ces opérations de munitionnaire que le Roué avait été amené à contacter Nicolas Rançon, toujours employé à la Ferme générale, et par là rencontrer Jeanne, qui, en dépit de son existence agitée sous le nom de Mlle Beauvernier, vivait toujours chez sa mère et son beau-père.

Coup de foudre du libertin alors en concubinage avec la Beauvoisin, une courtisane bien connue des services de police et dont il partageait cyniquement les faveurs avec un fournisseur aux armées, ce qui présentait bien des avantages. Jeanne se laisse séduire, moins par le physique malsain du Roué que par son impertinence, son entregent, ses belles relations et la fortune qu'elle lui suppose.

Du Barry l'installe avec sa mère dans un appartement aménagé rue Neuve-Saint-Eustache (l'actuelle rue d'Aboukir). Pour avoir le champ libre, il a fait nommer Nicolas Rançon receveur des gabelles en province.

Parlant de cet arrangement, le Roué écrira, dix ans plus tard, sous Louis XVI, à M. de Malesherbes, alors secrétaire de la Maison du Roi : « N'ayant d'autre soin que celui de veiller à l'éducation de mon fils, page du roi, jouissant d'une santé chancelante, je me renfermai dans un cercle étroit de connaissances. Et ce fut alors que je priai Mme Rançon et sa fille, Mlle de Vaubernier, de veiller sur la tenue de ma maison et d'en faire les honneurs, ce qu'elles firent pendant plusieurs années avec affection et intelligence. »

Admirable justification d'une situation scabreuse, car Anne Bécu n'ignorait rien de la liaison de sa fille avec du Barry, on peut

1. Ancienne possession de la république de Gênes, la Corse n'avait cessé d'être en rébellion ouverte. A la demande des Génois, la France avait envoyé plusieurs régiments occuper Ajaccio, Calvi, Bastia et San Firenzo, avant que l'île ne lui soit vendue le 15 mai 1768 pour payer les créances. La lutte contre les « indépendantistes » n'en continua pas moins.

même penser qu'elle y avait prêté la main. Une mère n'est-elle pas prête à tout pour ce qu'elle pense être le bonheur de sa fille ! Du Barry semblait sincèrement épris et Jeanne parfaitement heureuse de la vie luxueuse que lui assurait son amant. En outre, le fils de du Barry, un enfant, comblait le désir de maternité dont elle se sentira toujours frustrée.

A mener grand train sans autre rentrée que les intérêts de ses opérations de munitionnaire, les ressources de du Barry se tarissent.

L'inspecteur Marais surveille et note, le 14 décembre 1764 : « Le marquis (*sic*) du Barry à qui on a l'obligation d'avoir amené à Paris de Strasbourg la belle Dorothée et d'avoir mis dans le monde la demoiselle Beauvoisin, a fait paraître en loge, lundi dernier à la Comédie Italienne, la demoiselle Veauvarnier (*sic*) sa maîtresse. C'est une personne de l'âge de dix-neuf ans, grande, bien faite, l'air noble et de la plus jolie figure. Certainement il cherche à la *brocanter* avantageusement. Quand il a commencé à se lasser d'une femme, il en a toujours usé de même. Aussi il faut convenir qu'il est connaisseur et que sa marchandise est toujours de débit. »

Brocanter, le mot est fort, mais Marais sait de quoi il parle, et ce n'est pas sans preuves. Certes, il ne s'agit pas de mettre Jeanne sur le marché comme une certaine demoiselle Tricot que le Roué avait fait élever en grand secret chez une marchande à la toilette de la rue Montmartre, en la faisant passer pour sa bâtarde, avant de la prostituer à haut prix. Pour Jeanne, le style est différent, les vues plus hautes.

Le 18 mars 1765, Marais note : « M. Le Gué, l'un des premiers commis de la Marine, fait une Cour assidue à la demoiselle Beauvarny (*sic*) maîtresse du sieur Dubarry qui lui abandonne volontiers ses coudées franches parce que cela achalande sa maison. Cette demoiselle est très jolie et tous nos agréables de la haute volée s'empressent autour d'elle. A la fin du Carnaval, du Barry a donné un bal chez lui où on a beaucoup joué et où se sont trouvés M. le duc de Fronsac, le comte de Coigny et une infinité d'autre rang. On assure que M. Le Gué est déjà en avance de plusieurs bijoux avec cette demoiselle. Il passe pour une bonne dupe à plumer, et la demoiselle Valentin ci-devant à l'Opéra s'est bien engraissée avec lui. »

La lecture des brefs rapports hebdomadaires de Marais faisant état des ébats, aventures et mésaventures des personnages importants de la ville et de la Cour, serait d'une sinistre monotonie, s'ils ne permettaient de retracer, plus éloquemment que n'importe quelle description, la pente sur laquelle glisse Jeanne en cette année 1765 : « 12 avril. La demoiselle Beauvarnier et le sieur Dubarry vivent toujours en bonne intelligence, ou pour mieux dire Dubarry se sert de cette demoiselle comme terre qu'il afferme au premier venu en état de bien payer, se réservant toutefois le droit d'aubaine car il couche tous les soirs avec elle. Pour les journées, il les lui abandonne tout entières, pourvu toutefois qu'elle se conduise par ses conseils et que le produit s'en rapporte à la masse, et certainement dans ce genre, il peut passer pour le meilleur Mercure de Paris. Aujourd'hui c'est à M. de Richelieu et à M. le marquis de Villeroy qu'il a sous fermé les charmes de cette demoiselle pour le jour seulement. Le premier l'a fait venir chez lui et trouve que cette jeune poulette conserve en lui un reste de chaleur. Le marquis au contraire va chez elle, ordinairement l'après-midi. Dubarry a soin de ne pas s'y trouver et ils passent plusieurs heures ensemble. Cependant M. de Villeroy a toujours cette demoiselle Montalet, mais comme il a quelque soupçon de ses infidélités qu'elle lui a faites par le passé, cela lui a donné pour elle quelque refroidissement. Le sieur Dubarry en a été probablement instruit, lui a présenté sa Princesse. Il est difficile de résister à sa jolie mine, à son air de douceur et d'honnêteté ; le marquis a mordu à l'hameçon, et l'un et l'autre la comblent de cadeaux. »

La figure angélique sous laquelle se dissimulait « l'âme du diable » du duc de Richelieu, Don Juan infatigable de la cour du Régent comme de celle de Louis XV, avait pris quelques rides, mais, à soixante-neuf ans, son goût pour la débauche n'était pas prêt à s'affadir. Dans la franc-maçonnerie du monde du libertinage, dans lequel s'était introduit du Barry dès son arrivée dans la capitale, les deux hommes s'étaient liés d'amitié. Du Barry s'était fait « courtier des plaisirs » du duc. L'hôtel du 5 de la rue de Clichy passait pour un véritable « Temple de l'Amour », comme l'élégant pavillon, dit « Pavillon du Hanovre », où se rendit Jeanne, ce jour-là et beaucoup d'autres.

Y a-t-il matière à lapider la coupable quand on sait, grâce au *Journal du Marquis d'Argenson*, que les délicieux cabinets de l'hôtel du duc abritèrent souvent les amours de Louis XV et de

Mme d'Etioles avant qu'elle ne prît le titre de marquise de Pompadour et que le roi y vint même souper en joyeuse compagnie ?

« Certes les mœurs du temps étaient celles-là, mais, diront les censeurs, Jeanne monnayait ses visites ! » Foin d'hypocrisie ! Si jadis le duc de Richelieu ne payait pas les faveurs des dames de la cour qui se disputaient les siennes – on vit même pour lui Mme de Polignac et la marquise de Nesle échanger deux coups de pistolet au bois de Boulogne –, c'est que les rentes et les pensions royales subvenaient à leurs besoins. La prostitution peut prendre des aspects respectables. Versailles était le foyer de celle-là, et les courtisans prêts à n'importe quelle flagornerie ou bassesse pour obtenir pensions, titres ou charges.

Sans ressources personnelles, sans appui moral auquel elle aurait pu se raccrocher, mais gratifiée d'une telle beauté que des grands noms de France se montraient disposés à se ruiner pour elle, comment Jeanne aurait-elle trouvé malodorante l'existence dorée où le Roué l'avait entraînée ? A respirer longtemps une atmosphère viciée, on finit par s'y trouver à l'aise. Jeanne, dont on s'accorde à remarquer « l'air de douceur et d'honnêteté », depuis ses quinze ans, ne connaît plus du monde que celui corrompu du libertinage. Elle n'est qu'une proie, mais elle n'a pas conscience de l'être. Avec tant de gentilshommes à ses pieds, elle se croit conquérante, elle n'est que prisonnière d'un proxénète enjôleur.

Marais suit l'aventure de Jeanne avec tristesse, peut-être secrètement séduit par celle dont le comte d'Espinchal disait : « Je n'ai jamais rien vu de ma vie plus agréable que cette céleste personne. » L'inspecteur juge que la « céleste personne » méritait mieux que cet enfer : « 27 septembre 1765. La vie que mène le comte Dubarry avec la demoiselle Beauvarnier est infâme. C'est exactement sa vache à lait. Il la joue à tous venants, pourvu que ce soient gens de qualité ou à argent. Plusieurs fois on l'a vue aller les matins au pavillon de M. le duc de Richelieu et souvent aussi M. le duc de Fronsac va la voir chez elle. Dernièrement le petit vicomte de Sabran avait fait effort de bourse et du Barry la lui a cédée tout un jour. Quelle abominable vie ! »

Il semble que soudain Jeanne en ait pris conscience et l'inspecteur ne manque pas de le noter : « 6 décembre 1765. La demoiselle Beauvarnier a enfin quitté le sieur Dubarry ; elle s'est trouvée fatiguée de servir de pierre d'aimant à ces parties de jeu clandestines, et après avoir fait une passade avec le duc de Richelieu qui lui a été payée 50 louis, elle les a donnés à un tapissier qui lui a meublé sans bruit un petit appartement rue Montmartre. Ensuite, quand tout a été prêt, elle y a fait porter, à la sourdine, et à l'insu du sieur Dubarry, tous ses effets et s'y est retirée. Dubarry n'en a témoigné aucun chagrin ; elle commence à être usée pour son commerce. On dit que le flegme qu'il affiche à ce sujet a piqué très fort l'amour-propre de la demoiselle. Elle tâche de s'en consoler par les fadeurs du sieur de Lestorière et contente son tempérament avec le sieur Varnier fils. Ces deux particuliers lui font exacte compagnie, mais cela n'enrichit pas la cuisine. Je ne serais pas étonné incessamment de lui voir implorer la protection de la Brissault. »

Quitter du Barry, c'était bien, mais pour la compagnie de Lestorière que les filles galantes appelaient « miroir à putain » ou celle de Varnier fils dont la mère tenait une maison de jeu rue Richelieu, voilà qui désole le sensible Marais. Quel avenir attend la malheureuse ? Il la voit tomber plus bas encore. La Brissault, rappelle Gaxotte [1], servait, dans une petite maison discrète de la Barrière Blanche, des soupers de quatre ou six convives qui répugnaient à fréquenter la maison de rendez-vous plus voyante tenue par son mari, « le roi de la corporation des procureurs et procureuses ».

Jeanne n'a pas tardé à mesurer les difficultés d'assumer sa liberté. De son côté, du Barry la regrette. Sa maison a perdu avec elle son éclat. « 7 février 1766. La demoiselle Beauvarnier s'est raccommodée avec le sieur Dubarry, à la charge qu'il supportera non seulement toutes les affaires qui se présenteront pour son intérêt, mais encore tous ses caprices, et qu'il se contentera qu'elle ne découche pas, à moins qu'il ne soit question de sommes considérables, qu'elle serait alors obligée de rapporter à la communauté… »

Jeanne n'est plus la Beauvernier, sinon pour la police. Elle a adopté le nom de du Barry, ce qui affiche leur couple aux yeux du monde. Ce « ménage à la détrempe », selon l'expression de l'époque, demeure à présent au premier étage du 16 de la rue de

1. *Paris au XVIIIe siècle.*

Jussienne. Les affaires sont si prospères que, l'année suivante, il occupera l'hôtel tout entier. Jeanne y tient salon et fréquente celui de la comtesse La Rena, maîtresse d'un grand seigneur anglais. Elle évolue dans une société où se croisent des gens de lettres et de la haute noblesse, et achève ainsi son éducation. Sa vie dissolue n'a pas flétri sa beauté, n'en déplaise à Marais. « La demoiselle va un peu trop vite, écrivait-il en 1765, sa santé n'est pas assez vigoureuse pour satisfaire un si grand travail. Ses yeux commencent à devenir un peu rouges et sous peu elle aura l'air bien fatiguée. » Mais Jeanne est toujours aussi belle et aussi sollicitée.

« Le monde parle. Madame a-t-elle un amant ? L'on demande quel est-il ? Alors la réputation d'une femme dépend de la réponse qu'on va faire », écrira une femme de lettres à l'usage de ses contemporaines. « Je vous le répète encore, dans le siècle que nous vivons ce n'est pas tant notre attachement qui nous déshonore que l'objet. » Jeanne ne se déshonore donc pas si on accole à son nom celui du comte Fitz-James, un des plus brillants seigneurs de la cour, ou de Radix de Sainte-Foy, alors trésorier général de la Marine.

II

1768

LA vie est belle pour le couple du Barry, mais l'ambition du Roué n'est pas encore satisfaite. Du Barry est joueur, joueur impénitent. Au temps de la Pompadour, il avait perdu sa mise en pariant sur « la très belle Dorothée », fille d'un porteur d'eau de Strasbourg, qu'il espérait mettre dans le lit du roi. Mais Lebel, le premier valet de chambre, pourvoyeur des plaisirs de Sa Majesté, avait insinué que la maîtresse d'un aussi mauvais sujet pourrait bien être rongée du terrible mal « dont le Roi ne guérit pas avec les écrouelles ». Cela avait suffi pour ruiner une combinaison dont du Barry attendait grand profit : une mission diplomatique à Cologne.

Ce qui avait échoué avec Dorothée pourrait réussir avec Jeanne. Le Roué décide de rejouer le coup.

Les circonstances étaient favorables. Louis XV n'avait pas remplacé Mme de Pompadour [1]. Ce n'était pas faute de candidates à sa succession. L'ambitieuse duchesse de Grammont [2], poussée par son frère, le duc de Choiseul, jouait des coudes pour l'emporter, mais en vain. Trop d'audace effarouchait le roi.

Il n'était même plus question de passades. Le duc de Croÿ [3] notait, en février 1765, que « le roi ne reprenait pas de maîtresse ;

1. Morte le 15 avril 1764.
2. Béatrice de Choiseul-Stanville.
3. Emmanuel, duc de Croÿ, homme de guerre et courtisan, très en faveur à

il renvoya même le Parc-aux-Cerfs », le sérail de la discrète maison versaillaise dévolue aux aventures royales par Mme de Pompadour, peu portée sur le sexe, afin d'écarter ainsi tout danger d'être supplantée par quelque beauté de la cour.

Le Roué se savait indésirable à Versailles. Le précédent de Dorothée interdisait de recourir à Lebel dans son office d'entremetteur. Quant au duc de Richelieu, à en croire *La vie privée de monsieur de Richelieu contenant ses amours et ses intrigues,* il était trop avisé pour se mêler de cette intrigue-là.

Du Barry trouva un autre prétexte pour introduire Jeanne à Versailles et parvenir à attirer sur elle le regard du roi. Les dames Rançon, mère et fille, iraient implorer de Choiseul la grâce de revenir sur des dispositions drastiques prises par le ministre concernant la fourniture des vivres à la Corse. Elles feraient valoir que supprimer l'accréditation du munitionnaire Nallet – du Barry, son adjoint, resterait prudemment dans l'ombre ! – les laisserait sans ressources, privées qu'elle seraient de cet intérêt qu'il leur reversait par amitié et reconnaissance.

L'audience eut lieu. Le Roué avait-il compté que l'homme à femmes qu'était Choiseul, frappé par la beauté de Jeanne et la noblesse de son maintien, non seulement se laisserait attendrir concernant l'affaire corse, mais encore concevrait l'idée de la mettre lui-même dans les bras du roi afin d'affermir son pouvoir ? Le Roué se serait alors lourdement trompé. Choiseul confie à ses *Mémoires,* entreprises il est vrai au lendemain de sa disgrâce, qu'il avait trouvé la solliciteuse « médiocrement jolie » et si gauche qu'il l'avait prise pour « une femme de province ». Remarque étonnante sous la plume de celui qui affectera de voir en Jeanne une prostituée de haut vol !

Il l'avait éconduite le plus courtoisement possible, dit-il, en la renvoyant à ses subordonnés, mais elle était revenue à la charge, quelques jours plus tard. Seule, éplorée, avouant qu'il s'agissait non des intérêts de M. Nallet mais de ceux de son futur mari, M. du Barry, dont elle avait tu le nom, sachant le ministre prévenu contre lui.

---

la cour de Louis XV comme à celle de Louis XVI ; il sera nommé maréchal de France en 1783.

– Je croyais M. du Barry marié ? s'étonna Choiseul qui, après son prédécesseur, avait barré la voie diplomatique au Roué pour flagrante nullité.

« La demoiselle bafouilla entre ses dents une réponse que je n'entendis point, écrit Choiseul. Je finis par lui dire qu'au surplus c'était à elle de juger si elle faisait bien ou mal, que pour moi je croyais que dans tout cela, il n'y avait qu'un ménage de gâté et que je lui promettais que ma prévention ne ferait de tort ni à lui ni à elle. »

Une fin de non-recevoir ! Mlle Vaubernier [1] – le nom sous lequel Jeanne s'était présentée – avait cependant obtenu ce pourquoi le Roué l'avait envoyée à Versailles : la possibilité de naviguer au château, de bureau en bureau, de couloirs en galeries. Elle s'y ferait immanquablement remarquer, et, si elle n'avait pas la chance de se trouver directement sur le passage du roi, le bruit parviendrait bien jusqu'aux oreilles du souverain qu'on voyait à Versailles une créature d'une exceptionnelle beauté. Le valet de chambre Lebel serait prié de se renseigner. Le reste s'ensuivrait.

Le scénario imaginé par le Roué se déroula point par point. Il pourra affirmer ainsi plus tard à M. de Malesherbes qu'il n'était pour rien dans l'affaire.

Les propos très édulcorés de Richelieu consulté par Lebel, le duc étant connu pour tenir à jour un catalogue des Beautés de la capitale, autorisaient le valet de chambre à présenter la dame au roi : Mlle Vaubernier était une personne de condition, mariée à M. du Barry ; on ne lui connaissait qu'une seule faiblesse : le comte de Sainte-Foy. Cela fera dire au roi : « Il paraît que je succède à Sainte-Foy », s'attirant la réplique ironique d'un de ses familiers : « Oui, comme Votre Majesté succède à Pharamond ! » Sainte-Foy par ailleurs se défendit toujours d'avoir été « la faiblesse de Mme du Barry ». On chansonna cruellement ses dénégations :

Fille du ciel la vérité sacrée
Sans l'intérêt tu serais adorée.

1. Le nom de Vaubernier existe : c'est celui d'une honorable famille provinciale, mais il semble forgé par du Barry pour les besoins de la cause, en intervertissant les syllabes de Beauvernier, qui sentait par trop le monde de la galanterie.

L'ami Perrot [1] m'en a bien convaincu
Quand au bordel cent fois pour un écu
Manon du Buc, Lange, la Chambrière
Naïvement lui montra son derrière.
L'ami Perrot convenait de cela,
Mais à l'instant où le grand roi de pique
Honnêtement la Guenippe adora,
Fit la Pallas de la putain publique
Et du Cerceau la transmit au Gala
Perrot comme un sot recula.
J'entendis une tout autre musique
Perrot nia ses culs-là
Per omnia Saecula.

Mais le temps n'est pas encore venu des sarcasmes, des libelles et des chansons. Lebel a conduit discrètement Mlle Vaubernier dans la chambre du roi, une nuit de printemps 1765.

Quelle nuit ! Louis a tout oublié, l'approche de la soixantaine, ses soucis avec le Parlement comme la lente agonie de la reine qui lui cause tant de tristesse. L'enchanteresse l'a entraîné dans un monde de volupté dont il ignorait l'existence. « J'ai éprouvé une jouissance d'un genre tout à fait neuf, avoue-t-il au duc d'Ayen [2].

– C'est que Votre Majesté n'a jamais été au bordel », réplique vertement le capitaine des Gardes.

Lebel s'inquiète. Il croyait à une passade, mais les nuits succèdent aux nuits. Il en a appris davantage sur la Vaubernier. Il sait tout ! La place de cette fille eût été, à la rigueur, dans le sérail du Parc-aux-Cerfs, mais sûrement pas à Compiègne où son maître entend qu'il la conduise au lendemain des obsèques de la reine qui, le 24 juin, a fini par mourir. Mieux vaudrait, selon le vieux et fidèle serviteur, mettre un terme à ce vil attachement, avant que le roi ne s'avise de promouvoir cette créature et de l'imposer à la Cour. Il tente alors de dire ce qu'il sait d'elle, mais aux premiers mots, Louis, au comble de la fureur, lui ordonne de se taire en le

1. Perrot : Sainte-Foy ; le grand roi de pique : Louis XV ; la Pallas : Mme du Barry ; le cerceau : table desserte des soupers.

2. Louis de Noailles, duc d'Ayen. Fils du duc de Noailles, maréchal de France, et d'une nièce de Mme de Maintenon. Compagnon d'enfance de Louis XV.

menaçant du tisonnier qu'il tient en main, car il aime s'occuper lui-même de son feu. Mlle Vaubernier n'est ni de condition ni mariée, indigne donc de paraître à la cour ? Eh bien, qu'on lui trouve un mari armorié et qu'on la lui amène à Compiègne !

La scène a bouleversé Lebel – il en mourut, dit-on, quelques jours plus tard – mais l'ordre a été transmis. Il faut marier Jeanne. Mais à qui ? Du Barry ne veut pas qu'un autre recueille les fruits d'une intrigue qui lui a donné tant de mal. Que ne peut-il l'épouser lui-même ! Il a déjà donné son nom à une certaine Ursule-Catherine Dalmas de Vernongrèse qui l'attend sans espoir à Lévignac. Même s'il feint de l'oublier, d'autres s'en souviendront. La bigamie conduit à la potence !

Par bonheur, le Roué a un frère. Guillaume, son aîné, ne traîne aucun boulet mais ses bottes d'ancien capitaine et sa misère sur sa terre du Languedoc. Il ne reculera pas devant la perspective d'un substantiel profit. « Pour de l'argent, il eût épousé sa vachère », dit de cet hobereau le comte d'Espinchal. L'affaire se conclut en moins de temps qu'il ne faut pour l'écrire. Sans avoir jamais vu Jeanne, Guillaume du Barry jaillit de sa province pour en faire, par mariage, l'authentique comtesse du Barry.

Un mariage de comédie. Rien n'y manque comme impostures. Tout y est faux, à commencer par l'acte de naissance [1] de Jeanne qui lui attribue un père noble, fait d'Anne Rançon la veuve d'un fantôme, et, à fortiori, d'une union qui n'a jamais eu lieu, un acte qui porte la signature de témoins eux aussi anoblis, le tout certifié conforme par des autorités complaisantes.

L'acte de mariage est de la même eau avec l'aval de « Messire Jean-Baptiste Gomard » au titre usurpé d'« aumônier du Roi ».

Le contrat passé devant notaire – qui domicilie Anne Bécu et sa fille dans une rue que les Rançon n'ont jamais habitée – est un chef-d'œuvre de faux-semblant, mais les termes en ont été pesés pour éviter toute réclamation ultérieure. Guillaume du Barry vendait son nom, mais entendait que cela ne lui coûtât jamais rien ; de même, Jeanne l'achetait, mais pour solde de tout compte. Particulièrement savoureux, l'article VII, où « il est convenu que ladite demoiselle future épouse demeure chargée seule de la conduite de

1. Cf. seconde citation, p. 13.

toutes les dépenses du ménage [...] tant envers le Seigneur futur époux qu'envers les enfants à naître dudit mariage qu'elle sera tenue d'élever et de faire éduquer à ses frais », alors que l'époux sera congédié au sortir de l'église, n'ayant obtenu qu'un baiser. Les enfants éventuels ne sauraient être que les bâtards du roi !

Il est évident que ce tour de passe-passe n'a pu être exécuté qu'avec un appui venu de haut et la certitude de l'impunité... On envoyait les gens aux galères pour bien moins que cela.

A cinq heures du matin, le 1er septembre 1768, Jeanne, rajeunie de trois ans, péché véniel, – quelle jolie femme n'a jamais été tentée d'en faire autant ! –, sort donc de l'église Saint-Laurent de Paris en comtesse du Barry.

Comtesse du Barry ! On ne pourra désormais lui contester ce nom sous lequel, anticipant l'heureux événement, elle avait fait son apparition à Compiègne, quelques semaines auparavant.

Sa présence, son brillant équipage, ses laquais galonnés avaient fait jaser : « Le savez-vous ? Cette Madame du Barry qui a, dit-on, épousé le frère du Roué (où est donc ce fantôme de mari ?) loge à l'auberge mais passe ses nuits avec le Roi ! »

– Il en est fort amoureux, dit le comte de Saint-Florentin [1] au duc de Choiseul qui venait seulement d'arriver. Cette femme, la bâtarde d'une servante et d'un picpus, n'était qu'une fille, une raccrocheuse dans les rues, livrée à tous les valets avant que le Roué ne lui ait donné du galon !

– J'ai en effet entendu parler d'elle, dans un souper, dit Choiseul. L'Ange était son sobriquet de fille, m'a-t-on dit !

Et de déplorer en chœur « la crapule à laquelle le roi se livrait, crapule si méprisable et si contraire à son âge, à son état, à sa santé ».

– Souhaitons qu'une intrigue aussi basse n'ait d'autres suites que celles de la fantaisie du moment...

– Que le Roi s'en porte bien et que ce soit le dernier trait de son goût, dont nous soyons témoins, pour la mauvaise compagnie !

« De bonne foi, écrira Choiseul, je pensais qu'elle avait su plaire au roi plus qu'une autre par son expérience sur les recherches dont

1. Ministre et secrétaire d'Etat qui ne tardera pas à recevoir le titre de duc de La Vrillière.

il avait besoin ; j'étais persuadé qu'il se blaserait et qu'il ne resterait de tout cela qu'une anecdote pitoyable pour le roi et d'un très mauvais exemple pour ses enfants et pour la jeunesse de la Cour. »

Une semaine plus tard, à Fontainebleau, où Jeanne a suivi la cour, parée cette fois de son titre authentique, l'ambassadeur d'Autriche informa son ministre, le prince de Kaunitz : « La dame est logée près de la Cour des Fontaines, à côté de l'appartement dévolu à Mme de Pompadour. On la voit à la chapelle à la messe du roi. »

Depuis l'enfance, Louis XV observait scrupuleusement les pratiques religieuses. Il entendait la messe avec dévotion chaque jour, même au sortir des bras de ses maîtresses. « Il est avec le Ciel des accommodements », mais ceux-ci ne l'empêchaient pas d'avoir mauvaise conscience. Sa foi était trop sincère et vive pour oser profaner les sacrements. Aux grandes fêtes liturgiques, quoique bourrelé de remords, au bord de la dépression, il préférait s'en abstenir. On avait dû supprimer la tradition des écrouelles, car le roi ne pouvait toucher les malades qu'après avoir communié... Le roi thaumaturge avait vécu, c'était déjà ouvrir une brèche dans le respect religieux que l'on devait au monarque de droit divin. Un scandale pour les dévots. La forte sensualité du roi l'empêchait de se rendre à leur merci et de sacrifier ses maîtresses à moins de se croire mourant, comme lorsqu'il avait renvoyé Mme de Châteauroux, la troisième des filles du marquis de Nesle qui furent tour à tour ses favorites avant Mme de Pompadour [1].

Ironie du sort, c'est dans le parti des dévots, si hostile à la marquise de Pompadour, que Jeanne va trouver un appui lors de son installation à Versailles, en décembre.

Choiseul est sincèrement horrifié : la du Barry succéder à sa chère marquise ! Une grande partie de la haute noblesse considère

---

1. « Le roi avait débuté dans la galanterie par aimer Mme de Mailly, sœur aînée de Mme de Châteauroux, il avait aussi obtenu les faveurs de Mme de Vintimille, autre sœur qui était morte en couches, à Versailles, et il convoitait Mme de Châteauroux en secret... » (*Mémoires* du duc de Choiseul).

Une épigramme courut Versailles :

L'une est presqu'en oubli, l'autre presqu'en poussière ;/La troisième est en pied, la quatrième attend/pour faire place à la dernière./Choisir une famille entière,/Est-ce être infidèle ou constant ?

avec lui comme une injure que Louis XV n'ait pas choisi sa favorite parmi elle. La duchesse de Grammont mène le bal. Une cabale d'une rare violence part de Versailles et trouve un écho à Paris. Chansons obscènes, pamphlets venimeux, comédies grivoises, rien ne manque pour discréditer la comtesse du Barry et par là même le roi que Choiseul méprise. Sur l'air de *La Bourbonnaise*, la complainte qui attaquait jadis Louis de Bourbon, Paris met d'autres paroles, qui se répandent dans toute la France :

Quelle nouvelle,
Une fille de rien,
Quelle merveille,
Donne au roi de l'amour,
Est à la Cour.
Elle est gentille,
Elle a les yeux fripons,
Elle est gentille,
Elle excite avec art
Un vieux paillard...

La suite est si ordurière qu'aucun biographe n'a jamais osé la citer ; elle ne ravirait que les esprits salaces sans rien ajouter au mal fait.

Parmi les satires, *L'Apothéose du roi Pétaud*, du cru de Choiseul mais attribuée alors à Voltaire, suscita la colère de Louis XV. Le roi aurait pourtant dû être blasé. Les flèches n'avaient cessé de pleuvoir jadis sur Mme de Pompadour. On avait surtout reproché à la marquise d'être née Poisson et de s'occuper de politique tandis qu'on roulait à plaisir la comtesse dans la fange. La du Barry ? Une prostituée de bas étage :

Qui dans Paris ne connut ses appas ?
Tous nos laquais l'avaient eue
Lorsque, trottant dans la rue,
Vingt sous offerts à sa vue
La déterminaient d'abord...

Toute cette campagne n'avait qu'un but : décourager le roi, empêcher l'installation définitive de la comtesse à Versailles.

L'hostilité du ministre Choiseul fut la chance de Jeanne. Les dévots de la cour, entraînés par le duc de La Vauguyon – gouverneur des Enfants de France, les petits-fils de Louis XV, après l'avoir été de ce dernier – et Mme de Marsan – leur gouvernante, sœur du maréchal de Soubise [1] –, s'abstinrent de faire chorus. Ce n'était assurément pas par sympathie pour la personne même de l'ex-mademoiselle Lange ! Ils avaient détesté la Pompadour, ils auraient haï la du Barry s'ils n'avaient entrevu la possibilité de se servir d'elle comme une arme pour abattre celui qu'ils considéraient comme leur pire ennemi : le duc de Choiseul. Ils abhorraient en lui le personnage arrogant et libertin, le protecteur des philosophes, qui puisait chez eux des idées nouvelles et dangereuses pour la religion et la monarchie, le ministre tout-puissant qui, de mèche avec le Parlement, avait expulsé les Jésuites, le négociateur de l'impardonnable traité d'alliance avec l'Autriche.

La marquise de Pompadour avait fait et défait les généraux et les ministres, on espérait un même remue-ménage avec l'avènement d'une nouvelle favorite. Les dévots, rejoints par tous ceux qui avaient à se plaindre de Choiseul ou, comme le duc d'Aiguillon, espéraient le supplanter, attendaient la présentation à la cour de la comtesse du Barry comme celle de « la nouvelle Esther qui devait remplacer Aman et tirer le peuple juif de l'oppression » !

1. Charles de Rohan, prince de Soubise.

DEUXIÈME PARTIE

LA GALERIE DES GLACES

I

1769

La perspective de la présentation de Mme du Barry enfiévra la cour pendant six mois. Choiseul et ses partisans faisaient tout pour l'empêcher. Le roi s'entêtait à la vouloir, en raison même de la virulence de la cabale. Choiseul avait choisi l'arme de l'opinion publique. Option malheureuse. Il eût été aisé de démontrer au roi qu'il avait été abusé par les du Barry qui méritaient plus les galères que Versailles ; mais si Choiseul y avait renoncé, c'est qu'il soupçonnait que le souverain n'ignorait rien des impostures de « Mlle Gomard de Vaubernier », et prétendre les révéler se serait alors retourné contre lui.

Le plaisir d'un roi fait loi. C'est bien ce que prêchait à Louis XV le duc de Richelieu à coups de réminiscences historiques. C'était se montrer le maître que d'imposer sa favorite. Une détermination que seuls des esprits étroits et chagrins réprouvaient. Au temps de Mme de Pompadour, le mémorialiste Barbier avait plaidé pour la marquise et le roi adultères : « Sur vingt seigneurs de la Cour, il y en a quinze qui ne vivent pas avec leurs femmes et qui ont des maîtresses. Rien n'est même si commun à Paris entre particuliers : il est donc ridicule que le roi qui est bien le maître soit de pire condition que ses sujets et que tous les rois ses prédécesseurs... » A présent le roi était veuf et les abbés prônaient l'indulgence envers Mme du Barry : « Eh ! pourquoi tant se récrier sur l'élévation d'un si gentil objet ; n'était-elle pas conduite par deux aveugles-nés, la Fortune et l'Amour ! »

Richelieu était entré en lice lorsqu'il avait compris qu'il ne s'agissait nullement d'une passade.

– Je suis enchanté de votre Mme du Barry, c'est la seule femme de France qui a trouvé le secret de me faire oublier que je suis sexagénaire, lui avait dit le roi.

Le duc avait fait son profit de la confidence. Entrer dans le sillage d'une femme aussi précieuse lui permettrait d'assouvir la jalousie que lui inspirait Choiseul. Quoique très aimé du roi, Richelieu avait toujours été déçu dans ses espérances politiques en raison de sa légèreté. L'élévation de la comtesse du Barry serait sa revanche. En cultivant son amitié, il pourrait derrière elle se glisser au Conseil.

Choiseul espérait bien que cette élévation n'aurait pas lieu. Il s'y employait par tous les moyens. Il enflammait les indécis, chauffait à blanc les protestataires. Si présentation il y avait, ils juraient de ne pas y assister, mais le ministre promettait qu'elle n'aurait pas lieu ! Il trouvait un appui auprès de Mesdames, les filles du roi, ouvertement scandalisées par la conduite de leur père. Elles auraient voulu y mettre fin par un remariage qu'elles complotaient avec lui et l'ambassadeur d'Autriche. Choiseul avait en outre obtenu la réprobation de toutes les femmes de la cour, mues moins par vertu que par jalousie. Il ne recula devant aucun stratagème, allant, dit-on, jusqu'à mettre la belle Mme de Millant sur le passage du roi. Il comptait que ses charmes effaceraient ceux de la comtesse, et, plus ignoble encore, il tenta de soudoyer la Gourdan afin qu'elle attestât que Mlle Lange se prostituait dans sa maison. C'est à l'honneur – ou à la sagesse – de l'entremetteuse d'avoir refusé cette bassesse.

L'étiquette dont Louis XV était si soucieux, par respect pour son aïeul, imposait qu'une dame de la cour présentât la favorite. Toutes se récusèrent. On n'en trouva pas d'assez endettée pour consentir à ce parrainage, comme le roi y était parvenu jadis en « achetant » la princesse de Conti pour présenter la Pompadour. Richelieu dut se rabattre sur la comtesse de Béarn qui criait misère au fond du Périgord. Mais même soulagée de ses dettes et ayant de surcroît obtenu la protection du roi pour ses deux fils officiers, la comtesse de Béarn broncha au dernier moment : une malencontreuse entorse, prétendit-elle le 25 janvier, l'empêchait d'entrer en scène le 29, jour prévu pour la présentation. Celle-ci fut donc remise.

Choiseul respira. Il était évident pour toutes les cours étrangères que cette présentation constituait un désaveu du tout-puissant ministre. L'ambassadeur d'Autriche écrivait à Vienne : « Il est scandaleux de voir un maréchal de Richelieu, un gouverneur et une gouvernante des Enfants de France se constituer les agents d'une si vilaine intrigue et d'entendre dire publiquement à Madame de Marsan et à Monsieur de La Vauguyon qui affichaient de la dévotion que c'est Dieu qui permet un mal pour remédier à un plus grand mal et ce plus grand mal, selon eux, est l'existence de leur ennemi, M. de Choiseul. »

Le 4 février, une chute de cheval au cours d'une partie de chasse immobilisa le roi de telle sorte que certains crurent bien au triomphe définitif de Choiseul. La douleur retenait Louis dans sa chambre où une position non encore officielle interdisait à Mme du Barry d'entrer, tandis que Mesdames ses filles ne le quittaient pas. On y reparlait mariage avec insistance. Marie-Thérèse d'Autriche, par la voie de son ambassadeur, avait proposé à Louis XV l'archiduchesse Elisabeth, sa fille aînée, une union qui entrait dans les vues politiques de Choiseul, l'artisan du renversement des alliances, et qui compléterait celle déjà acceptée du dauphin et de l'archiduchesse Marie-Antoinette. Mesdames, quoique antiautrichiennes, suppliaient leur père d'y consentir.

On peut imaginer l'angoisse de Jeanne de savoir son amant ainsi chambré !

Mme Denis donne à Voltaire, le 8 mars, un autre son de cloche : « La Dame n'est pas encore présentée et le Roi a retardé neuf ou dix femmes qui devaient l'être. Cependant on est persuadé qu'elle le sera. On la dit gaie et bonne ; si elle n'était pas soufflée, il n'y aurait peut-être aucun inconvénient mais… (qu'entend Mme Denis par « *soufflée* » ? Peut-être la mainmise sur la favorite par le parti dévot haï des philosophes.) Enfin j'espère que le duc (Choiseul) se rapprochera d'elle. Le roi souffre toujours de son bras, il ne peut le lever, il ne peut signer ; cette chute est peut-être plus grave qu'on ne le pensait… Je vous ai mandé qu'il avait pris l'appartement de Madame [1] pour augmenter le sien et celui de Mme du Barry. Il l'aime toujours avec la même vivacité. »

1. Sa fille Adélaïde.

Les festivités du mariage du duc de Chartres [1] avaient encore retardé les présentations.

Enfin, le 21 avril, coup de tonnerre dans le ciel de Choiseul et de ses partisans. Le roi annonça lui-même que le lendemain aurait lieu à la cour une présentation et qu'elle serait unique : celle de la comtesse du Barry. « On prétend que demain est le grand jour où une toilette décidera peut-être du destin de l'Europe », écrivit Mme du Deffand.

La comtesse du Barry fit son entrée dans la galerie des Glaces en « toilette de combat », blanche, éblouissante de la profusion de diamants offerts la veille par le roi, parée de l'or naturel de sa chevelure. Sous les regards malveillants de la foule des courtisans, elle se dirigea avec une aisance étonnante vers le roi flanqué du duc de Richelieu et du ministre Choiseul. On attendait qu'elle s'embrochât dans la longue traîne de sa robe lors de sa dernière révérence. Il n'en fut rien. D'un coup de pied – sans doute longuement répété avec un maître de danse – elle s'en débarrassa en se relevant avec grâce.

On dut reconnaître que cette femme, dont on disait avec mépris qu'elle n'avait aucun usage de « ce pays-ci » – ainsi désignait-on la cour –, avait subi l'épreuve avec un naturel et une noblesse dans le maintien propres à en émerveiller plus d'un.

Le lendemain, ainsi intronisée, elle assista à la messe dans la chapelle du château, à la place qu'occupait avant elle la marquise de Pompadour. S'il y avait eu foule la veille pour guetter ses faux pas, ce matin-là, il n'y eut à la chapelle que fort peu de gentilshommes et de dames. En revanche, on y vit tout un cortège d'évêques, jusqu'à l'archevêque de Reims, le grand aumônier. L'épiscopat triomphait.

Au sortir de la messe, « elle parut au couvert de Mesdames et à celui de Monsieur le dauphin », note le *Journal* de Hardy. Désormais, Jeanne jouira de tous les « honneurs de la Cour » et de tous les privilèges d'une favorite. Non seulement elle aura son appartement à Versailles comme dans toutes les autres résidences royales, son siège en carrosse, ses entrées « aux couverts », paraîtra chez le

1. Philippe de France, le futur Philippe Egalité, avec Adélaïde de Penthièvre, sœur du prince de Lamballe.

dauphin et les frères du roi, recevra des visites d'étiquette, mais encore elle pourra assister au travail des ministres avec le roi. Quel triomphe pour la petite vendeuse de chez Labille !

Jeanne comtesse du Barry n'était cependant pas au bout de ses peines. Elle avait conquis le roi, mais non la cour qui ne désarmait pas. Lorsque des bras du roi, toujours aussi épris, elle se retrouvait dans le petit appartement qu'en attendant mieux on lui avait aménagé au troisième étage sous les combles, avec pour seule compagnie la sœur de Jean du Barry, laide, boiteuse et presque bossue mais intelligente et spirituelle, Claire-Françoise, surnommée « Chon », venue tenir sa maison – et maintenir le lien avec le Roué, soucieux de ses intérêts –, elle se désespérait. Comment vaincre la malveillance, l'isolement ? On lui tournait le dos, on affectait de l'ignorer quand elle n'avait pas à essuyer d'insolences de la part de cette noblesse qui se sentait humiliée de la voir assise si haut.

A Marly, où l'on se rendit en mai, la cour étant réduite en raison de l'exiguïté des lieux, la situation apparut telle qu'elle était : intenable pour la favorite. Le roi s'en émut. Il fallait de nouveau acheter une dame, mais cette fois une grande dame, pour chaperonner la comtesse et faire s'incliner les autres devant le choix royal. La promesse de cent mille livres de rente annuelle décida la vieille maréchale de Mirepoix, noyée sous les dettes, ruinée par le jeu, sa seule passion, mais une passion tyrannique. C'était une aimable créature sans malice, gaie, complaisante, soucieuse de plaire à tous, ce qui l'amenait à être jugée fausse – on l'avait vue courtisant Mme de Pompadour, alors qu'elle affichait la veille sa dévotion pour la reine. Elle entraîna avec elle la duchesse de Valentinois qui passait pour un peu folle et la marquise de l'Hôpital, la maîtresse du prince de Soubise, dont la réputation était si décriée qu'elle n'avait pas grand-chose à perdre. Le roi compléta l'entourage – on disait « les entours » – par la jeune princesse de Montmorency dont le mari désirait fort être attaché à la personne du dauphin.

La duchesse de Mirepoix était l'amie des Choiseul. Le ministre n'était pas près de lui pardonner d'être devenue la *voyageuse* et la *soupeuse* de la du Barry, une trahison ! Son hostilité demeurait entière. Jeanne n'avait quant à elle qu'un désir : être acceptée.

L'ostracisme du ministre la blessait. Elle en pleurait. Louis XV décida de sécher ces larmes qui l'agaçaient. Il voulait vivre en paix. Il décida de rapprocher Choiseul de sa maîtresse et choisit pour cela l'exquise demeure que la Pompadour avait fait bâtir sur le versant de Meudon regardant la Seine.

« Le 25 mai 1769, écrit dans ses *Mémoires* M. de Besenval [1], le roi est allé souper à Bellevue avec Mme la comtesse du Barry. Cela n'a rien d'extraordinaire en soi et je n'en parlerai point si la composition des invités n'avait paru significative à beaucoup de gens. On dit à Versailles que Mme du Barry s'est plainte au roi avec beaucoup d'amertume du mépris que les dames de la Cour lui témoignent et que c'est ce qui a été la cause que Sa Majesté en a invité huit à ce souper. Cette invitation était un ordre ; il a fallu s'y soumettre et y aller ; il y avait beaucoup plus d'hommes et entre autres le prince de Soubise, le duc de Gontaut et, miracle des miracles ! le duc de Choiseul et M. le comte de Saint-Florentin ; on dirait que Sa Majesté prend plaisir à mettre en présence le chien et le chat. »

Chien et chat, on ne saurait mieux dire ! Mme la maréchale de Mirepoix et Mme de Flavacourt [2] étaient arrivées les premières. Elles se promenaient dans le parc, lorsque le duc de Choiseul y arriva avec ses amis. Les deux groupes s'y opposèrent dans un ballet ridicule. Les arrivants tournaient à droite ou à gauche selon qu'ils affichaient d'être de l'un ou l'autre parti. De part et d'autre pleuvaient les sarcasmes. Le roi parut, alla directement à Mme du Barry, lui dit « mille choses gracieuses », se félicita de « la posséder pour la première fois dans ce beau lieu » et s'offrit à le lui faire visiter dans tous ses détails. Dès lors, comme des moineaux attirés par des miettes, les compagnons du duc de Choiseul se rabattirent sur le groupe de la du Barry et du roi. Choiseul se promena seul jusqu'à l'heure du souper.

A table, Louis XV fit placer sa favorite à sa droite.

– Mettez-vous à côté de Mme du Barry, dit-il au comte de la

1. Lieutenant général des armées.

2. La cinquième et dernière des « demoiselles de Nesles » qui furent tour à tour les maîtresses de Louis XV et la seule qui, dit-on, lui résista.

Marche [1], je sais que vous avez de l'amitié pour elle. Les autres se placeront comme ils voudront.

C'était là procéder comme dans les soupers intimes des petits cabinets.

Le roi était très gai et l'ambiance fort joyeuse. Jeanne déploya tout son charme, sa grâce et un esprit brillant. Seul, le duc de Choiseul, qui d'ordinaire se montrait un excellent convive, parut absent, « concentré avec ses voisins », dit le chroniqueur dont on tient le détail de cette fête. Il ajoute : « Après souper, le roi ayant annoncé le jeu, avait demandé un vingt-et-un pour Mme du Barry, jeu qu'elle aime beaucoup. Mme de Flavacourt s'était écriée qu'elle en serait, le maréchal de Richelieu aussi, en ajoutant qu'il était tout entier à Mme du Barry. »

L'événement était politique et nul ne s'y trompa. On versifiait à Paris sur le sujet :

On dit que Choiseul et Barry,
Animaux très antipathiques,
Partagent la Cour aujourd'hui
Et suspendent les vœux de tous les politiques.

Au lendemain du souper de Bellevue qui devait demeurer dans les annales, Choiseul se retira sur sa terre de Chanteloup, escomptant que la rapidité avec laquelle le roi le rappellerait augmenterait son prestige et dénouerait les intrigues que tramaient les partisans déclarés de la favorite, dont l'appartement était devenu le quartier général de ses ennemis, Richelieu et Soubise. La du Barry n'était qu'un pion sur l'échiquier : faute de l'avoir mise dans son jeu, il convenait au moins de faire perdre la partie à ceux qui la maniaient.

Piteux calcul. Choiseul revint de Chanteloup sans en avoir été prié, encore moins supplié, et ce fut pour constater avec colère que le vent qui soufflait à Versailles était devenu favorable à la du Barry. Le fameux souper de Bellevue avait été le signal de ralliement pour les indécis et de débandade dans le clan adverse : le chancelier Maupeou, qui devait pourtant son titre à Choiseul, s'autorisant d'une vague parenté avec les du Barry, appelait la comtesse *ma cousine* !

1. Louis François Joseph de Bourbon-Conti. Comte de la Marche puis septième prince de Conti.

Quant à la faveur royale, elle éclatait dans le don que le roi venait de faire à sa maîtresse du petit château de Louveciennes. Destiné primitivement, sous Louis XIV, à loger l'ingénieur chargé de la machine de Marly et de l'aqueduc conduisant les eaux de la Seine aux réservoirs de Versailles, puis attribué au comte de Toulouse [1], le duc de Bourbon-Penthièvre qui en hérita en avait fait retour à Louis XV : son fils, le prince de Lamballe, y avait agonisé dans d'atroces souffrances ; il ne voulait plus y mettre les pieds. Il est vrai que le don n'était fait qu'en usufruit et la demeure modeste avant que Jeanne n'entreprît aussitôt de l'aménager, et à ses frais. Elle ne devait cesser de l'embellir.

Doit-on attribuer les attentions du roi envers la comtesse du Barry à la seule « passion sénile » du souverain pour l'ex-Lange ou Beauvernier experte dans l'art de réveiller ses sens ? Explication sommaire, même si elle contient une part de vérité. On sait, grâce à l'indiscret Marmontel, que Louis XV ne put honorer Mme de la Popelinière, une très belle personne, qui s'était glissée dans son lit par surprise. « Un roi n'est pas plus homme qu'un autre », lui aurait-il dit en guise d'excuse à sa défaillance !

Cependant, à soixante ans, Louis XV n'a rien d'un vieillard. Malgré un certain embonpoint et le léger empâtement de ses traits, il demeure droit, vigoureux, de superbe prestance et, le duc de Croÿ l'atteste, ce qu'il a toujours été : le plus bel homme de sa cour. Le prestige royal n'est pas, pour les femmes, sa seule séduction.

Chaque jour et par tous les temps – est-ce le fait d'un vieillard ? – le roi dépense son ardeur à la chasse. « Tous les princes s'ennuient, la preuve est qu'ils vont à la chasse », écrit Montesquieu. L'ennui dont souffre Louis XV n'est pas celui qu'une frénésie de travail et de divertissements dissipe. Mme de Pompadour l'avait étourdi de réceptions, de bals, de spectacles, de concerts sans parvenir à le guérir. L'ennui de Louis XV est mélancolie, hantise de la mort toujours présente. Elle l'a rendu orphelin, elle lui a arraché un à un ses enfants préférés, jusqu'à la dauphine [2] qu'il aimait comme une fille, et enlevé une amie de vingt ans en Mme de Pompadour.

1. Le fils légitimé de Louis XIV et de Mme de Montespan.

2. Marie-Josèphe de Saxe, contaminée par son mari, mourut de la même phtisie en mars 1767, quinze mois après lui.

Elle se rapproche de lui, il ne cesse d'y penser. La jeunesse de Jeanne – si jeune d'apparence qu'elle a pu se rajeunir de trois ans sans étonner personne –, sa fraîcheur, la douceur nacrée de sa peau, la gaieté de son rire, sa spontanéité agissent alors comme un enchantement. Elle lui dispense l'oubli. Peut-être est-ce là le vrai sens de l'aveu fait au duc de Richelieu : « La comtesse trouve le secret de me faire oublier que je suis sexagénaire. »

L'on objectera que Mme de Pompadour avait soin de fournir en « chair fraîche » le sérail du Parc-aux-Cerfs. Filons l'image de Sultan si chère aux échotiers ! Leur imagination salace avait fait de cette discrète maison versaillaise le lieu de toutes les turpitudes quand elle n'était en réalité faite que pour loger la maîtresse du moment. Toutes étaient jeunes : Morphise, une des plus notoires, avait seize ans, Marguerite Hainault vingt-trois, Mlle d'Estaing dix-sept, Mlle Tiercelin de la Colleterie dix-sept également… Aucune de ces jeunes femmes, même la dernière en date, Mlle de Romans [1], qui paraissait plaire si fort au roi, n'avait réussi à s'imposer. Alors pourquoi Jeanne ?

Elle possède un atout maître. Il ne réside pas dans un « art d'aimer » qu'aucune des « quatre-vingt-dix beautés différentes » du Parc-aux-Cerfs (si l'on se fie pour le nombre au duc de Croÿ !) n'aurait su enseigner au roi. On croit sans peine, comme le lui avait lancé le duc d'Ayen, que Louis XV n'avait jamais fréquenté un bordel… mais le bordel était sûrement, une fois ou l'autre, allé à lui dans « le trébuchet », la petit pièce de l'entresol de son appartement intérieur, où son fidèle Lebel, avant l'achat du Parc-aux-Cerfs, rabattait pour lui des femmes sûrement aussi expertes que Jeanne.

Le secret de Jeanne pour retenir le roi, il faut le chercher ailleurs que dans le seul plaisir des sens dont Louis était avide, mais peut-être aussi blasé.

« Le roi ne peut se suffire à lui-même et ses enfants ne lui sont d'aucune ressource… Le reste de la Cour est divisé d'esprit et de principe et on se déchire à plaisir », écrit la comtesse de La Marck au roi de Suède.

1. Elle refusa de loger dans la maison du Parc-aux-Cerfs et on l'installa à Passy. Elle lui avait donné un fils, le seul dont Louis XV reconnut la paternité, ce qui l'avait enhardie jusqu'à exiger les honneurs de Versailles. Cela fut sa perte.

Solitude, désagrégation d'une famille jadis nombreuse et unie, réduite à trois vieilles filles acariâtres qui loin d'entourer leur père ne songeaient qu'à le fuir ou à le contrarier : Adélaïde, autoritaire, dominatrice, entraînait ses sœurs, Sophie et Victoire, dans un concert de récriminations et de rancœurs ; quant à la dernière, Louise, la préférée, au grand chagrin de Louis XV, elle ne songeait qu'à quitter Versailles pour le Carmel, pour expier, disait-on, la vie débauchée du roi. Le climat délétère de la cour n'était pas fait pour le guérir. Jeanne avait ce pouvoir.

Simple, douce, enjouée, spontanée, en un mot naturelle, Jeanne permet à Louis, la porte de son petit appartement franchie, d'être l'homme qu'il est vraiment, soulagé de la stature majestueuse du monarque soucieux de mettre ses pas dans ceux de son illustre bisaïeul, un homme simple, lui aussi, timide mais accueillant pour ses proches, sensible, spirituel, gai, capable de se distraire d'un rien, faisant lui-même son café et répugnant à déranger ses gens pour tisonner son feu.

Jeanne sait écouter. S'il est préoccupé, elle le laisse déposer près d'elle ses soucis ; s'il est triste, elle le réconforte de sa tendresse, morose, elle le fait rire par une gaminerie. Elle ne l'étourdit pas de ses vues politiques, elle n'est pas de ces égéries dont les Goncourt parlent si bien, et dont Mme de Pompadour avait été le modèle le plus achevé, aspirant à peser sur la volonté du roi et le destin de la France, « ordonnant, selon leurs goûts, leurs sympathies et leurs antipathies, les révolutions des alliances et des systèmes, la paix, la guerre, les lettres, les arts, les modes du dix-huitième siècle aussi bien que ses destinées ». Comblée de toilettes et de bijoux, Jeanne n'importune le roi d'aucune exigence sinon de paraître partout à ses côtés et d'y être acceptée. Elle n'ambitionne et n'use d'autre pouvoir que celui d'obtenir de lui la grâce de condamnés.

En vingt ans, Mme de Pompadour n'en avait sollicité aucune. A peine arrivée à Versailles, en deux mois, coup sur coup, Jeanne obtient du chancelier Maupeou de commuer la condamnation à la potence d'une humble campagnarde qui avait mis au monde un enfant mort-né sans avoir déclaré sa grossesse, et elle arrache au roi la grâce du comte et de la comtesse de Louësme, condamnés à être décapités.

Criblés de dettes, les Louësme avaient répondu à la contrainte par corps qu'on venait leur signifier en tuant à coups de fusil l'huissier et un gendarme à cheval. Emue par les pleurs de leurs filles dont Louis XV avait repoussé la requête, Jeanne s'était jetée aux pieds de son amant en déclarant qu'elle ne se relèverait pas tant qu'il n'aurait pas accordé ce qu'elle lui demandait. Louis l'avait relevée : « Madame, je suis enchanté que la première faveur pour laquelle vous me forcez soit un acte d'humanité. »

La bonté de sa maîtresse touche le roi au plus profond de sa sensibilité. Assurément, il ne voit pas en elle la traditionnelle « putain au grand cœur », comme la dépeignent ceux qui croient ainsi ajouter une touche d'indulgence au portrait féroce qu'ils font de la du Barry, mais une femme vraiment bonne, comme il y en avait, par bonheur, aussi à la cour, une dame de qualité, dont le caractère était digne du titre et de l'affection qu'il lui portait.

Le bruit se répandit que, quelles que soient sa condition et sa faute, on pouvait faire appel à la générosité de la favorite, et cela fit beaucoup pour changer l'opinion qu'on avait d'elle à Paris comme à Versailles, sauf parmi les irréductibles.

Choiseul était de ceux-là. Il ouvrit les hostilités en tançant vertement Wurmser, le général commandant le camp de Verberie, près de Compiègne, formé pour l'éducation militaire des petits-fils du roi, pour avoir permis à ses troupes de défiler devant Mme du Barry, lors des fêtes militaires de Compiègne. Dumouriez en avait été scandalisé, il l'écrit dans ses *Mémoires* : « Le vieux roi de France se dégrada aux yeux de son armée, chapeau bas et à pied, à côté d'un phaéton magnifique dans lequel était la favorite. » Les mêmes honneurs avaient été rendus ensuite à la comtesse, après le passage du roi, par le régiment du comte de la Tour du Pin où servait son beau-frère, Elie du Barry, « l'honnête homme de la famille ». A la suite de quoi elle avait offert à souper aux officiers de ce régiment de la Beauce, une superbe réception qu'ils lui avaient rendue.

Le roi, furieux de l'intervention de Choiseul, écrivit à ce dernier : « L'on dit que vous avez grondé le chevalier de la Tour du Pin à l'occasion de Mme du Barry sur ce qu'elle a dîné au camp, sur ce que la plus grande partie des officiers avaient dîné chez elle le jour de la revue. Vous m'aviez promis que je n'entendrai plus parler de vous sur elle. Je vous parle en confiance et amitié. L'on peut se déchaîner contre vous dans le public. C'est le sort des ministres surtout quand on les croit voir en opposition avec les amis du maître. Mais, à cela près, le maître est toujours très content de leur besogne, et de la vôtre en particulier. »

Choiseul répondit par l'attaque :

« Je suis touché de la bonté et de la confiance que vous me marquez. Je ne puis douter, en voyant ceux qui entourent Mme du Barry, et que Votre Majesté connaît dans le fond de son âme aussi bien que moi, que je ne sois un des objets particuliers de leurs inventions malignes et de leur désir de me nuire... Si je n'étais pas aussi assuré, Sire, de la bonté de votre cœur et de votre discernement sur ce qui compose votre Cour, je serais révolté des horreurs qui me sont revenues et dont j'ai été l'objet... Je n'ai jamais dit dans ma vie un mot plus haut que l'autre à Wurmser... Je n'ai pas grondé M. le chevalier de la Tour du Pin... »

La mauvaise foi est parfaite et l'ennemi désigné : « Les amis de Mme du Barry. » C'est-à-dire le duc de Richelieu, dont Choiseul sait la jalousie à son égard, le duc d'Aiguillon, dont il se méfie de l'ambition, le prince de Soubise, qui ne lui pardonne pas l'éviction des jésuites, et auquel s'ajoutent maintenant le chancelier Maupeou, qui le hait pour ses idées philosophiques et ses amitiés parlementaires menaçant la monarchie absolue, et une nouvelle recrue, l'abbé Terray, nommé au grand dépit de Choiseul contrôleur général des Finances, poste qu'il guignait pour y placer un des siens, comme il avait placé à la Guerre son cousin, le duc de Praslin, pour parfaire sa puissance. Terray aux finances la bridait.

Le hic, c'est que « les amis de Mme du Barry » sont aussi ceux du roi. Le duc de Richelieu, est-il besoin de le rappeler, est son intime, Soubise, son confident politique ; quant au duc d'Aiguillon, il avait été son fer de lance en Bretagne agitée par l'opposition parlementaire. Celle-ci avait rendu à son gouverneur la position si intenable que le roi avait dû le rappeler, mais avec le souci que l'on ne s'y trompe pas : le duc n'avait en rien démérité et il ne cessait de lui témoigner publiquement sa confiance.

Avoir jadis éloigné d'Aiguillon de la cour en l'envoyant guerroyer en Italie afin de lui ravir sa maîtresse, la belle Mme de Châteauroux, causait quelques remords au roi, mais en l'occurrence son attitude était seulement dictée par la nécessité d'affirmer et de réaffirmer une autorité royale sans cesse sapée par ceux qui auraient voulu établir dans l'Etat un « gouvernement des juges ».

A Fontainebleau, où toute la cour était réunie, comme chaque mois de septembre, pour la saison de la chasse et celle, on l'a remarqué, des « coups politiques », le duc d'Aiguillon reçut la lieutenance des chevau-légers de la Garde. Une charge très enviée parce qu'elle autorisait celui qui la détenait d'entrer chez le roi et de s'entretenir et de travailler avec lui.

Le bruit courut que d'Aiguillon devait cet honneur à la favorite alors qu'il était sollicité par le duc de Choiseul pour son neveu. On y vit – à tort car Jeanne n'aurait pas eu à arracher de haute lutte une nomination qui entrait si bien dans l'intention du roi – l'influence que la du Barry commençait à prendre sérieusement sur le souverain et son premier triomphe sur le ministre Choiseul.

« Les affaires du Tout-Puissant se barbouillent pour le moins autant que les joues de nos élégantes, écrit Tronchin, le médecin du duc d'Orléans. Son parti contraire se fortifie tous les jours et quoique tout soit encore dans la bouteille à l'encre, il paraît que l'opinion générale est qu'il ne peut s'en tirer. »

On le chansonnait :

Vive le Roi ! Foin de l'Amour
Le Roi m'a joué un tour
Qui peut confondre mon audace
La du Barry pour moi de glace
Va dit-on changer mon destin
Jadis je dus ma fortune aux catins
Je leur devrai donc ma disgrâce !

Jeanne avait pourtant tenté un rapprochement. Au cours du voyage à Compiègne, le Roué avait sollicité du duc de Lauzun [1] un rendez-vous discret dans la forêt afin de lui demander de transmettre au duc de Choiseul « le désir de paix » de sa belle-sœur :

– La comtesse rend justice à ce grand ministre qu'est le duc, affirma-t-il à Lauzun. Elle a pour lui la plus grande estime. Pourquoi lui marque-t-il tant de mépris ? Pourquoi doit-elle essuyer tant d'insolences de la part de sa famille ?

A la diplomatie, du Barry avait ajouté, de son cru, la menace :

– S'il la force à le haïr, elle sera au désespoir de devoir user de

1. Armand de Gontaut, duc de Lauzun, passait pour être le fils de Choiseul, le grand amour d'Honorine, duchesse de Gontaut, morte en couches. Choiseul, selon le désir exprimé par Honorine sur son lit de mort, épousa sa jeune sœur, Laure.

son crédit auprès du roi, un crédit plus grand que ne fut celui de la marquise.

Lauzun avait fait la commission en la noyant, à la prière du Roué, de « protestations d'attachement ».

Relatant cet épisode, il écrira : « M. le duc la reçut avec la fierté d'un ministre persécuté par les femmes. Il se déclara donc une guerre implacable entre lui et la maîtresse du roi ; et Mme de Grammont, dans ses propos outrageants, n'épargna point le roi lui-même. »

Après ce double échec essuyé à Fontainebleau, où non seulement il n'avait pas obtenu le poste demandé, mais il y voyait porté son ennemi, le ministre Choiseul jugea prudent de faire quelques pas vers la favorite qui lui avait fait dire que « s'il voulait se rapprocher d'elle, elle ferait la moitié du chemin ».

L'entrevue dura trois heures et fut très commentée. Mme du Deffand écrivit à Walpole :

« Le grand-père [1] paraît de très bonne humeur. Cependant il n'est pas sans inquiétude. Cette conversation qu'il a eue avec elle a été une fausse démarche de sa part puisqu'elle n'a produit aucun bon effet. Il reçoit journellement de petits dégoûts, comme de ne pas être nommé ou appelé pour les soupers des cabinets [2], et, chez elle, des grimaces quand au whist il est son partenaire, mais c'est une petite brèche à la considération… »

En fait, cette guérilla n'inquiétait pas outre mesure Choiseul. Sa bonne humeur, une lettre du roi la lui avait rendue :

« … Je commence par M. d'Aiguillon. Comment pouvez-vous croire qu'il puisse vous remplacer ? Je l'aime assez, il est vrai, à cause du tour que je lui ai joué il y a bien longtemps. Haï comme il est, quel bien pourrait-il faire ?

---

1. La grand-mère maternelle de Mme du Deffand avait épousé en secondes noces un duc de Choiseul, et par plaisanterie Mme du Deffand imagina d'appeler « grand-maman » la jeune duchesse et le duc de Choiseul « grand-papa ».

2. « On ne pouvait pénétrer dans les petits appartements du Roi sans y avoir été convié. C'était une faveur chichement accordée et donc fort recherchée […] ceux qui postulaient l'honneur de souper avec lui allaient l'attendre auprès de sa chambre ou de son cabinet. Le Roi mettait un instant la tête à la porte, regardait qui était là et refermait pour dresser une liste des invités, qu'un huissier venait ensuite appeler. […] Ces soirées intimes avaient lieu aussi à Fontainebleau et à Compiègne » (Michel Antoine, *Louis XV*).

« Vous faites bien mes affaires, je suis content de vous ; mais gardez-vous des entours et des donneurs d'avis ; c'est ce que j'ai toujours haï et que je déteste plus que jamais. Vous connaissez madame du Barry ; ce n'est assurément point M. de Richelieu qui me l'a fait connaître, quoiqu'il la connût, et il n'ose pas la voir ; et la seule fois qu'il l'a vue un moment, c'est par mon ordre exprès. J'ai pensé la connaître avant son mariage. Elle est jolie, j'en suis content, et je lui recommande tous les jours de prendre garde aussi à ses entours et donneurs d'avis ; car vous croyez bien qu'elle n'en manque pas. Elle n'a nulle haine contre vous, elle connaît votre esprit et ne vous veut point de mal. Le déchaînement contre elle a été affreux, à tort pour la plus grande partie. L'on serait à ses pieds si... Ainsi va le monde.

« Elle est très jolie, elle me plaît, cela doit suffire. Veut-on que je prenne une fille de condition ? Si l'archiduchesse [1] était telle que je la désirerais, je la prendrais pour femme avec grand plaisir ; mais je voudrais la voir et la connaître auparavant. [...] il faudra bien faire une fin ; et le beau sexe autrement me troublerait toujours ; car très certainement vous ne verrez pas de ma part une dame de Maintenon. En voilà, je pense, assez pour cette fois-ci... »

Le roi ne dit pas qu'il est épris de Mme du Barry, mais qu'il en est « content ». A son amie et confidente Mme de Séran, qui lui demandait s'il avait « aimé d'amour » Mme de Pompadour, il avait répondu : « Non, je n'ai jamais eu d'amour pour elle. » On peut avancer que la seule femme que Louis XV ait jamais aimée fut Marie Leczinska, la femme de sa jeunesse, celle qui lui avait donné sept ans de vrai bonheur et dix enfants. Il ne lui aurait peut-être jamais été infidèle, si, par indolence et lasse d'être perpétuellement engrossée, elle n'avait mis fin à leur intimité.

La « très jolie » Mme du Barry dont le Tout-Paris s'était bousculé pour voir les deux portraits, œuvres du peintre Drouais, exposés au salon de cet été 1769, ne pouvait donc prétendre à un autre destin que d'être la femme du moment. Peut-être même Louis XV, dont l'historien Michel Antoine souligne la « fuite devant la femme, de laquelle il se protégeait en en interposant

1. L'archiduchesse d'Autriche, fille de Marie-Thérèse, que l'on voulait lui faire épouser pour évincer Mme du Barry.

une autre entre elle et lui », eût-il renoncé à Jeanne si sa présence à la cour n'avait pas causé un tel déchaînement de passions. « Déchaînement affreux », se plaignit-il à Choiseul, et dont la dernière manifestation avait été l'insolence du duc de Lauraguais, le propre neveu de Choiseul, qui avait été prendre une fille chez la Gourdan pour la produire dans le monde sous le nom de… la comtesse du Tonneau. Une caricature se répandit, représentant Mme du Barry dans un tonneau, la gorge nue et en toilette de cour, raccommodant des bas et des culottes, tandis qu'au premier plan, un chien levait la patte sur le baril !

Outré, le roi avait banni le neveu de Choiseul en Angleterre. Il ne faut pas voir là la seule réaction de tout galant homme soucieux de protéger une femme ainsi bassement insultée. En humiliant celle qu'il avait choisie comme maîtresse, c'est le roi qu'on attaquait et, à travers lui, la monarchie telle qu'il la concevait. Il savait alors se redresser et punir. Il entendait contraindre la cour au silence et au respect en redoublant les faveurs accordées à la comtesse du Barry.

En décembre 1769, Jeanne reçut pour étrennes non seulement la concession des « Loges de Nantes », les petites boutiques entourant les remparts de cette ville, dont les droits perçus rapportaient quarante mille livres annuelles, mais encore la jouissance à Versailles d'un nouvel et agréable appartement au second étage, l'étage des Cabinets du roi, sur la cour des Cerfs et sur la cour de Marbre [1]. Jeanne s'y installera en mai après qu'on l'aura aménagé, agrandi et luxueusement meublé. Louis XV pouvait pénétrer directement dans sa chambre, à l'insu de tous par sa bibliothèque des combles.

« Elle y gagna, note le duc de Croÿ, qui, sans lui montrer ouvertement son hostilité, boudait la favorite, d'être tout à fait à découvert comme dame de la Cour ; elle allait à toutes les fêtes, pêle-mêle avec les autres ; on s'y habituait. »

On n'hésitait désormais plus à aller chez la du Barry que l'on avait tant brocardée. M. de Belleval, un jeune chevau-léger, l'avait osé avant tout le monde, sous l'aile protectrice de d'Aiguillon,

1. Le dernier appartement de la dauphine, Marie-Josèphe de Saxe, après son veuvage. Voir l'annexe « L'appartement de Mme du Barry » en fin de l'ouvrage.

pour lui présenter la supplique d'un soldat de son régiment condamné à mort pour désertion. On lui doit le naïf et joli portrait de la favorite en robe blanche rebrodée d'une guirlande de roses, « nonchalamment assise, plutôt même couchée dans un grand fauteuil. [...] Ses cheveux, qu'elle portait souvent sans poudre, étaient du plus beau blond, et elle en avait à profusion à n'en savoir que faire. Ses yeux bleus, bien ouverts, avaient un regard caressant et franc... Elle avait le nez mignon, une bouche toute petite et une peau d'une blancheur éclatante. Enfin l'on était si bien sous le charme, et c'est ce qui m'arriva si fort, que j'en oubliai presque ma supplique, dans le ravissement où j'étais de la contempler... » Naturellement, Belleval obtint l'intervention de la comtesse pour le déserteur, et de surcroît pour lui la faveur de baiser la main de la bienfaitrice.

La cour « s'habituait », mais l'animosité du clan Choiseul n'en continuait pas moins à s'exprimer, plus hypocrite, mais non moins venimeuse. Louis XV avait eu raison de mettre son ministre en garde contre ses « entours ». De leur côté, certains des amis de Choiseul s'inquiétaient ; Mme du Deffand écrivait justement à Walpole : « La du Barry n'est rien par elle-même c'est un bâton dont on peut faire son soutien ou son arme offensive ou défensive. Il n'a tenu au grand-papa d'en faire ce qu'il aurait voulu ; je ne puis croire que sa conduite ait été bonne et que sa fierté ait été bien entendue. Je crois que Mesdames de Grammont et de Beauvau [1] l'ont mal conseillé. »

1. Charlotte de la Tour d'Auvergne, l'épouse du prince de Beauvau-Craon.

II

1770

Les ennemis de Mme du Barry espéraient beaucoup du mariage de Marie-Antoinette d'Autriche et du dauphin. Le 15 mai 1770 serait jour de triomphe pour le duc de Choiseul, inspirateur de l'alliance autrichienne et réalisateur de cette union. Il repousserait la favorite dans l'ombre et mettrait son parti au pas.

C'est le contraire qui se produisit. Non seulement la comtesse du Barry figurait parmi les quarante duchesses invitées au dîner de gala qui eut lieu au château de la Muette, le soir de l'arrivée de la jeune princesse, mais encore elle fut placée à la table du dauphin. Scandale dont Mme Campan [1] garda le souvenir : le roi, « ... aveuglé par un sentiment indigne d'un souverain et d'un père de famille, avait fait souper la jeune princesse, la famille royale et les dames de la Cour avec Mme du Barry ».

Scandaleuse présence, mais qui, selon le duc de Croÿ, « fit juger qu'elle allait achever d'écraser le parti qui lui était opposé ».

Il faut souligner que Jeanne ne s'était pas imposée. Elle avait même eu l'intention de s'éloigner de Versailles jusqu'après le mariage, adoptant ainsi l'attitude effacée qui avait été la sienne à Fontainebleau, après l'exil de Lauraguais, afin de désarmer ses

1. Lectrice des filles cadettes de Louis XV, nommée en 1774 première femme de chambre de Marie-Antoinette qu'elle servira jusqu'en 1792.

ennemis. Le duc de Richelieu l'en avait dissuadée. Elle s'était laissé convaincre, moins par la peur de se faire oublier du roi et d'assurer ainsi un triomphe facile à ses ennemis que par le regret de ne pouvoir arborer les merveilleuses toilettes qu'on lui confectionnait pour l'occasion. Ainsi est Jeanne, plus soucieuse de frivolités que d'intrigues.

C'est en grand habit ruisselant de pierreries, éclipsant toutes les dames de l'assistance, qu'elle se rendit le lendemain à la chapelle royale où se célébra le mariage, et participa ensuite aux réjouissances. On se souviendra longtemps de ces fêtes éblouissantes. A l'inauguration du nouvel opéra, transformé en salle de festin, où les vingt-deux convives de la table d'honneur furent servis dans une vaisselle d'or et de vermeil, succédèrent durant huit jours bal paré, spectacles, défilés, ballets, fête vénitienne sur le grand canal et feux d'artifice. Les badauds qui se pressaient par milliers dans le parc, sous les cent soixante mille lampions suspendus dans les arbres, n'avaient encore jamais assisté à pareilles festivités.

Mme du Barry parut partout au bras du duc d'Aiguillon. La malignité publique ne tarda pas à le lui prêter comme amant. Ce qui était faire injure à leur intelligence à tous deux. Ni l'un ni l'autre n'était assez fou pour prendre ce risque, pas même si d'Aiguillon avait pu être tenté de rendre ainsi au roi la monnaie de sa pièce !

Si le duc se montrait si empressé auprès de la favorite, l'entourant d'attentions et d'égards, c'est qu'il en attendait l'appui dans une affaire qui le taraudait.

Lors de l'installation de Jeanne à Versailles, Mme du Deffand écrivait : « La dame du Barry prend nul crédit et il n'y a pas d'apparence qu'elle en prenne jamais. Elle n'a d'affection ni de haine pour personne, elle pourra dire ce qu'on lui fera dire comme un perroquet, mais sans vue, sans intérêt, sans passion. Ce n'est pas avec un pareil caractère que l'on parvient à gouverner. »

Aujourd'hui, on croyait à son crédit. On le gonflait même à plaisir. Pourtant, Mme du Deffand ne se trompait pas en jugeant que Jeanne n'avait ni le tempérament, ni les aptitudes nécessaires pour jouer le rôle de « Premier ministre », jadis tenu par la marquise de Pompadour. Avec l'affaire d'Aiguillon, Jeanne pour la première fois se mêlait de politique, mais sans savoir que c'était de la politique. Elle cédait à sa générosité naturelle et à sa reconnaissance pour celui qui lui avait manifesté de la considération quand tout le monde lui tournait le dos.

D'Aiguillon souffrait de la campagne de dénigrement et de calomnies que, depuis des années, le parlement de Rennes déchaînait contre lui, sans qu'il lui fût permis de s'en justifier et de laver son honneur.

Avant de devenir une affaire d'Etat, c'est un simple et banal conflit qui avait opposé les magistrats au gouverneur de la Bretagne. Mais arrogant, brutal et avide d'autorité, d'Aiguillon s'y heurtait au procureur général La Chalotais, homme rigide et sévère et non moins orgueilleux de ses privilèges.

La Chalotais s'était attiré la haine de d'Aiguillon en souillant la réputation de bravoure acquise par le duc dans sa lutte contre les Anglais ; pendant l'affaire de Saint-Cast [1], d'Aiguillon s'étant retiré dans un moulin, il avait imprudemment écrit que les troupes et les Bretons s'étaient couverts de gloire et leur général de farine ! Le duc pour s'en venger, prétendait La Chalotais, l'avait fait emprisonner avec son fils en le désignant comme l'auteur d'infâmes lettres anonymes visant le roi. Une machination, clamait La Chalotais ! Il en demandait justice.

Louis XV, par lettre patente, avait refusé le procès que La Chalotais voulait intenter au duc devant le parlement de Rennes. Le roi entendait régler lui-même l'affaire en Conseil privé. De même, il refusait à d'Aiguillon l'ouverture d'un procès qui aurait permis à son gouverneur de se justifier d'accusations d'abus de pouvoir et de corruption de témoins. C'eût été le procès de l'autorité royale et il ne pouvait le tolérer.

Les parlementaires n'avaient tenu aucun compte de la volonté royale exprimée par lettre patente. Ils avaient ordonné, au début de mars, une enquête destinée à accabler d'Aiguillon.

« Vous savez combien les parlements sont funestes à vos amis, et avec quel acharnement ceux de Bretagne et de Paris tourmentent en ce moment le duc d'Aiguillon, était venu dire à Jeanne le chancelier Maupeou. Il a besoin d'être soutenu chaudement.

– Oh ! je l'appuierai de tout mon crédit, promit Jeanne émue. Sans doute qu'il est innocent des torts qu'on lui impute.

1. Les Anglais avaient tenté un débarquement.

– Oui, certes ! Il n'en a d'autres que de défendre l'autorité royale contre l'inimitié des parlements. »

Jeanne, manœuvrée par « son cousin », plaida. Le chancelier poussa à la roue. Le roi céda. Le procès aurait lieu, non en Bretagne, mais à Paris, devant la cour des pairs dont le duc était membre. La chose avait été débattue en Conseil. Choiseul, dont toutes les sympathies allaient aux parlementaires, avait laissé faire.

Les pairs réunis, selon l'usage, dans l'antichambre de la Reine, à Versailles, décidèrent l'assignation et l'audition de tous les témoins qui avaient férocement chargé d'Aiguillon devant le parlement de Rennes.

Commencée le 16 avril, l'audition ininterrompue des témoins s'était achevée le 8 mai. Les festivités du mariage du dauphin constituèrent l'intermède de cette tragi-comédie. La fin fut précipitée. Le roi s'était fait apporter le dossier : on en resterait là ! C'était écrit d'avance.

Sans avertir au préalable Choiseul, dont il savait qu'il y serait défavorable, Louis XV convoqua le 26 juin un lit de justice – ce lit dont Fontenelles disait qu'il était « un lit où la justice dormait ». Ce fut pour déclarer par la voix du chancelier Maupeou qu'il déclarait nulles les procédures et exigeait le silence absolu sur l'affaire d'Aiguillon.

Le soir même, pour le consoler d'être frustré de son procès, le duc d'Aiguillon fut du voyage à Marly et soupa avec le roi et Mme du Barry.

On mit dans la bouche du duc l'épigramme suivante :

Oublions jusqu'à la trace de mon procès suspendu.
Avec des lettres de grâce, on ne peut être pendu.
Je triomphe de l'envie, je jouis de la faveur.
Si j'avais perdu la vie, je n'aurais pas ce bonheur,
Mais grâce aux soins de ma mie, je n'ai perdu que l'honneur.

Le lendemain, le parlement, furieux d'être privé de ce procès dont il attendait qu'il ébranlât le despotisme royal, se réunit sans les pairs. Quoique mécontents, eux aussi, ils n'avaient osé enfreindre l'ordre du roi. Les magistrats prirent un arrêté d'une extrême violence, excluant le duc de la pairie « jusqu'à ce que, par un jugement rendu à la Cour des pairs, dans la forme et avec les solennités prescrites par les lois et ordonnances du royaume, que rien ne peut suppléer, il se soit pleinement purgé des soupçons et des faits qui entachent son honneur ».

Jeanne était bien trop loin de la politique pour comprendre ce qui se jouait avec l'affaire d'Aiguillon. « Les plus importants événements qui avaient eu lieu pendant sa faveur, avaient passé devant ses yeux comme les personnages de la lanterne magique », écrivit Sénac de Meilhan [1] qui l'avait bien connue.

L'affaire dépassait de beaucoup les protagonistes. Deux conceptions de la monarchie s'y affrontaient. Celle du conservateur Maupeou rigidement attaché à une monarchie de droit divin, absolue et autoritaire, et celle de Choiseul aux idées libérales puisées chez Montesquieu et Voltaire. Choiseul était attaché au parlement sans pour autant rêver d'un « gouvernement des juges », comme l'aile extrémiste des parlementaires. Il pressentait que la monarchie ne pourrait se maintenir si elle ne devenait un Etat de droit, où le législatif ne se confondrait pas avec l'exécutif et où l'autorité du roi serait tempérée et régulée par le parlement.

Jeanne, dans sa simplicité, n'était pas non plus capable de débrouiller les intrigues tortueuses d'un Maupeou, son « tripotage », comme disait d'Aiguillon. En convainquant Jeanne de pousser ce dernier à « laver son honneur » par un procès, dont il savait d'avance que le roi l'arrêterait, convaincu qu'il menaçait le trône, Maupeou empêchait un acquittement triomphal qui aurait favorisé les plus hautes ambitions du duc d'Aiguillon. En prenant parti pour la favorite, leur accord n'était que circonstanciel et dirigé contre Choiseul qu'ils désiraient éliminer.

Confiant que les propos sur l'oreiller auraient autant de pouvoir que ceux tenus en Conseil, Maupeou semait chez la favorite la même peur qu'il entretenait chez le roi d'un parlement destructeur de la monarchie, et, pour elle, il incarnait ce mal dans la seule personne de Choiseul, prétendu soutenir l'audace des parlementaires.

---

1. Gabriel Sénac de Meilhan. Maître des requêtes ; intendant de l'Aunis, de Provence (les allées de Meilhan, à Marseille), puis du Languedoc. Il sera en 1775 nommé par Louis XVI intendant général à la Guerre. On lui doit deux ouvrages importants : *Les considérations sur l'esprit et les mœurs* (1797), *Du gouvernement, des mœurs et des conditions en France avant la Révolution* (1795).

Le mécanisme était bien huilé et il fonctionnait à merveille. Mme du Deffand pouvait écrire à Walpole : « Tout me fait peur. Je ne tiens pas le grand-papa, malgré toute la gloire qu'il a acquise, aussi affermi que je le voudrais. La du Barry le hait plus que jamais et on ne cesse de la harceler pour lui nuire. »

*
* *

Choiseul faisait face au danger avec calme. L'arrivée à la cour de Marie-Antoinette changeait la donne. Il savait que l'impératrice Marie-Thérèse avait recommandé à sa fille de s'appuyer sur lui auquel elle devait d'être la future reine de France. La jeune dauphine qui avait déjà su charmer le roi neutraliserait l'influence de la « clique du Barry ».

– Quelle est cette belle personne ? avait demandé Marie-Antoinette à la comtesse de Noailles [1], désignant de son petit menton pointu Jeanne qui étincelait de diamants au souper de la Muette.

– Madame du Barry, avait répondu d'un ton pincé la comtesse.

– Et quelle est sa fonction à la cour ?

– Sa fonction ? Elle amuse le roi.

– Dans ce cas, je me déclare sa rivale ! s'était exclamée l'ingénue.

L'archiduchesse d'Autriche avait quinze ans à peine. Elle avait grandi dans la libre cour de Vienne qui négligeait l'étiquette, la sacro-sainte loi de Versailles incarnée par la comtesse de Noailles dite « Madame Etiquette », carcan que, dauphine, elle aura tant de mal à supporter, et que reine elle bouleversera, mais une cour de Vienne qui, sous la férule de l'austère Marie-Thérèse, ignorait le scandale. Aussi, lorsqu'elle apprendra de quelle façon Mme du Barry « amuse le roi », elle n'en croira pas ses oreilles. Le roi qu'elle appelle « mon papa » a une maîtresse ! La chose est pour elle inimaginable. Et quelle maîtresse ! Une fille des rues, lui

1. Dame d'honneur de la dauphine après avoir été celle de la reine Marie Leczinska ; elle renoncera à sa charge en 1775, lorsque, devenue reine, Marie-Antoinette nommera surintendante son amie, la princesse de Lamballe.

chuchote-t-on, une vile créature qu'une basse intrigue des ennemis de Monsieur de Choiseul a réussi à introduire à Versailles. Marie-Antoinette est écœurée. A Vienne, sa mère faisait fouetter et conduire en maison de correction les filles de cette sorte !

Mesdames jubilent. Elles n'aiment pas « l'Autrichienne » ; cette union, l'œuvre de Choiseul, les a enragées, mais elles sont bien décidées à se servir d'elle pour nuire à la du Barry. Et « la petite », comme l'appelle Kaunitz, le chancelier de sa mère, se laisse prendre aux manières doucereuses de ses tantes. Elles lui ont donné la clef des corridors menant à leurs appartements, l'encourageant à venir à toute heure près d'elles pour un conseil ou un besoin de compagnie. Et Dieu sait si la jeune dauphine s'ennuie le long de ses mornes journées où un jour ressemble à un autre dans son déroulement, et ces nuits où elle se morfond d'être mariée sans l'être, car le lourdaud qui ronfle à côté d'elle se montre incapable d'être un mari, et encore moins un amant. Ses tantes au moins lui montrent de l'affection. Elles ne l'entourent pas, elles l'étouffent et Adélaïde a tout loisir de lui distiller son venin.

« Madame, ma très chère mère, écrit Marie-Antoinette, le roi a mille bontés pour moi et je l'aime tendrement ; mais c'est faire pitié la faiblesse qu'il a pour Mme du Barry qui est la plus sotte et la plus impertinente créature qu'il soit imaginable. Elle a joué tous les soirs avec nous à Marly ; elle s'est trouvée deux fois à côté de moi, mais elle ne m'a point parlé et je n'ai point tâché justement de lier conversation avec elle ; mais *(rectifie-t-elle, de crainte d'une critique de cette mère qu'elle redoute),* quand il le fallait, je lui ai pourtant parlé. »

En fait, Marie-Antoinette peut constater qu'à Marly on affecte d'ignorer la du Barry. La comtesse de La Marck l'écrit à l'ambassadeur de Suède :

« Je fus hier à Marly où le roi est depuis huit jours. On y jouait au lansquenet ; une seule réjouissance fut de 1200 louis et tout le monde meurt de faim. Cet esprit de vertige me rendit triste et rêveuse le reste de la soirée. Mme du Barry jouait à la table du roi et entourée de la famille royale. Personne, ni à la table, ni dans le salon ne lui parla de la soirée, si ce n'est le roi et son neveu, le petit du Barry. Le courage général devrait ouvrir les yeux du roi. »

A Marly, dans les pavillons des douze signes du zodiaque, on est en famille avec quelques privilégiés. A Choisy, le voyage qui suivit, le petit château construit par Mansart et embelli par les œuvres de Nattier, de Boucher, sans oublier Chardin et Vernet, permet une suite plus nombreuse qui s'égaie dans les jardins et le labyrinthe. Mais l'exiguïté du théâtre a donné lieu à un incident pénible dont Jeanne a été la victime et dont les conséquences déclenchèrent l'hostilité ouverte de Marie-Antoinette envers elle.

Lorsque Jeanne y pénètre ce jour-là, très en retard, suivie de la maréchale de Mirepoix et de la duchesse de Valentinois, les premiers bancs sont déjà occupés par la comtesse de Grammont, belle-mère de la sœur de Choiseul, et ses amies. Pas une ne bouge pour faire place à la du Barry. On joue de l'éventail avec indifférence. Puis ce sont les regards méprisants. Très vite, l'éclat. Aux mots aigres-doux, succèdent des propos insultants proférés à très haute voix par la comtesse de Grammont à l'adresse de la favorite. On manque d'en venir aux coups. Sous l'affront Jeanne, larmes aux yeux, bat en retraite.

La cour jubile au spectacle de cette bataille de dames. Le roi s'indigne. Une lettre de cachet exile la comtesse de Grammont à quinze lieues de Versailles. Les Choiseul poussent de hauts cris. D'autres comme le prince de Ligne se moquent : « A en croire les anecdotes qu'on a mises sur mon compte, écrit-il dans ses *Mémoires*, je dis le jour où je trouvai toute la cour de Louis XV sens dessus dessous, parce qu'on avait exilé la comtesse de Grammont pour avoir passé avant madame du Barry en lui donnant un coup de vertugadin [1]. Voilà ce que c'est d'en avoir un et de n'avoir pas de *considération* (c'est ainsi qu'on nomme une espèce de panier [2]). A propos de cela, la maréchale de Luxembourg, qui y était, me dit qu'il n'y avait que trois vertus en France : vertuchou, vertubleu et vertugadin. »

---

1. Bourrelet que les femmes portaient par-dessous leurs jupes pour les faire bouffer.

2. « Le panier était fait d'une jupe de toile sur laquelle on appliquait des cercles de baleine. [...] En I750, on ne voyait plus guère que des *jansénistes,* c'est ainsi que l'on appelait les demi-paniers. Une dizaine d'années après, [...] le sieur Pamard portait le dernier coup aux paniers par la création des *considérations,* soutenant gracieusement la robe sans le secours d'un certain nombre de jupons ou d'un panier ; et les *considérations* faisaient disparaître les *jansénistes,* uniquement réservés aux cérémonies de la cour » (E. et J. de Goncourt, *La femme au dix-huitième siècle).*

La dauphine est intervenue avec feu pour Mme de Grammont, une dame de sa maison. En vain. Le roi résiste à sa demande. Il aime sa petite-fille, mais encore plus sa favorite. Il ne reviendra pas sur sa décision, même si, cédant à un nouvel assaut de Marie-Antoinette, il consentira quelques semaines plus tard à ce que la comtesse de Grammont aille se faire soigner à Paris. Mais la cour lui restera interdite.

Marie-Antoinette doit s'incliner. Il en coûte à son orgueil que ce soit à cause de la « créature » ! Sa mère lui a bien recommandé de ne se mêler de rien, et de rester neutre dans toutes les affaires qui pourraient agiter la cour. Mais elle est trop profondément blessée pour suivre ce sage conseil, et dès cet instant elle ne se contente plus de mépriser la du Barry, elle la déteste. Mesdames sont ravies et soufflent sur le feu. Elles rapportent que la du Barry l'appelle « la petit rousse », souligne le peu de souci qu'elle a de sa toilette et fait des gorges chaudes du « gros garçon » – le dauphin – incapable de la rendre femme. Voilà de quoi se faire une ennemie irréductible !

On est à présent à Compiègne, sans la sœur de Choiseul. La duchesse de Grammont s'est en effet volontairement exilée de la cour, prenant pour prétexte d'aller prendre les eaux dans le Midi. On la voit à Toulouse, à Aix. On raconte qu'elle y excite les magistrats de ces villes à se joindre à ceux de Paris dans leur résistance à l'autorité royale.

Le roi, comme il fallait s'y attendre, avait cassé l'arrêt excluant le duc d'Aiguillon de la pairie, comme « directement attentatoire à l'autorité de Sa Majesté et au respect qui lui est dû ». Le parlement de Paris s'était refusé à enregistrer la lettre du roi et avait maintenu son arrêt, approuvé par le duc d'Orléans et la majorité des princes du sang. L'esprit de la Fronde renaissait.

Au courant de l'incident de Choisy et de tout ce qui en était résulté, Marie-Thérèse s'inquiétait des rapports de sa fille avec le roi : « On dit que le roi devient réservé et embarrassé avec elle, qu'elle heurte de front la favorite. »

A quoi son ambassadeur répondit, un peu trop rassurant, qu'on accusait à tort la dauphine : « Il n'y a jamais eu que des petits propos tenus contre cette femme et que Mesdames ont toujours été les premières à mettre en train ; même à présent, Mme la dauphine est plus réservée sur les propos en question, au point qu'il se passe des semaines entières sans en citer un seul. »

Des propos sur Mme du Barry, Marie-Antoinette en entend de toutes les couleurs dans son propre entourage, tel celui de la pétillante Mme de Perquigny à laquelle elle demandait ce qu'était « le saut de l'anguille » :

– Je ne sais, Madame, ce qu'est le saut de l'anguille ; je ne l'ai jamais fait ; mais quel qu'il soit, le plus beau que j'ai jamais vu, le plus grand, le plus merveilleux, est celui de la du Barry qui, des bras d'un laquais, est sautée dans ceux d'un roi !

*

* *

Le 2 septembre, encore à Compiègne, le roi annonça tard dans la nuit à son Conseil qu'il se rendrait le lendemain à Versailles tenir un lit de justice. Maupeou avait convaincu Louis XV de frapper un grand coup.

Choiseul, qui ne se souciait pas d'assister à la mise à mort des parlementaires et au triomphe de d'Aiguillon, avait demandé la permission de ne pas y assister, prenant comme prétexte un rendez-vous à la campagne avec le banquier du roi.

Le 3, en moins d'une heure, l'affaire fut réglée. Jupiter tonnant par la voix du chancelier reprocha leur conduite aux parlementaires et ordonna que toutes les pièces de la procédure conduite contre le duc d'Aiguillon lui fussent remises. Les greffiers avaient sur-le-champ rassemblé les dossiers dont on chargea aussitôt le carrosse du chancelier. Celui-ci avait repris la parole pour un dernier et sévère avertissement : « Toute correspondance avec les autres parlements serait regardée par le roi comme une confédération criminelle contre son autorité et sa personne. »

Ainsi fut close l'affaire d'Aiguillon. Pour remercier la comtesse du Barry de son amitié, le duc lui offrit un équipage de grand prix, qui avait coûté « de quoi nourrir plusieurs mois une province entière ». Ce superbe vis-à-vis était décoré des armoiries que du Barry avait imaginées pour sa belle-sœur : « D'azur au chevron d'or, portant en cime un geai surmonté de la lettre G et de deux roses en pointe, d'une main dextre en pal aussi d'argent. » Sa devise *Boutez en avant* s'inscrivait dans un lit de roses sur lesquelles se becquetaient des colombes au milieu de cœurs percés et d'autres symboles amoureux.

La cour se gaussa, le peuple chansonna :

Pourquoi ce brillant vis-à-vis ?
Est-ce le char d'une déesse,
Ou de quelque princesse ?
S'écriait un badaud surpris,
– Non (de la foule curieuse
Lui répond un caustique), non,
C'est le char de la blanchisseuse
De cet infâme d'Aiguillon.

La « blanchisseuse » n'avait rien blanchi du tout. Le duc, faute de procès et il en concevra toujours de l'amertume, demeurait aussi noir aux yeux de l'opinion publique. Et Jeanne avait perdu le terrain difficilement conquis sur la même opinion. On l'avait un peu oubliée, et voilà que libelles, épigrammes, chansons, la traînaient à nouveau dans la boue !

On la rendait responsable de ce que le roi s'était raidi contre le parlement au point de le pousser à la rébellion ouverte. « C'est en ma personne seule que réside la puissance souveraine… », déclarera Louis XV en un nouveau lit de justice tenu au début de décembre. On sortait enfin de la crise qui agitait le royaume « depuis trois siècles », comme le disait Maupeou, en signifiant clairement, dans cette constitution monarchique non écrite, qui était le maître de la France.

Grâce à l'affaire d'Aiguillon où Jeanne s'était laissé manœuvrer, le chancelier Maupeou était arrivé à ses fins. L'édit qu'il avait rédigé avec l'abbé Terray ôtait au parlement le droit de remontrance une fois que le roi aurait réitéré sa volonté. Il brisait ainsi la chaîne infernale qui paralysait le gouvernement dans sa volonté de réformes.

---

1. Il a été établi que Mme du Barry n'a acheté le tableau de Van Dyck, *Charles d'Angleterre à la chasse*, qu'à la fin de 1771. A ce moment-là, Louis XV, pour demeurer constant dans sa conception de la monarchie absolue, et acculé par la rébellion de tous les parlements du royaume, les avait tous dissous et réformés selon le plan du chancelier.

Jeanne était trop proche du pouvoir pour ne pas avoir eu à l'avance connaissance de la teneur des deux discours fulminés au dernier lit de justice, et elle y avait sûrement applaudi, car dirigés contre « les méchants parlementaires » qui tourmentaient sans cesse son roi. Mais il serait abusif de soutenir qu'elle les ait inspirés, ni même qu'elle ait excité la timidité de Louis et vaincu son indécision en exposant dans son salon le portrait du malheureux Charles Ier d'Angleterre que sa faiblesse envers le parlement avait conduit à l'échafaud [1].

Dans toute cette affaire, dont on peut même se demander si elle en comprenait tout à fait la gravité, Jeanne n'avait pas été le « perroquet » imaginé par Mme du Deffand, elle avait plutôt tenu le rôle dévolu au chœur des tragédies antiques !

Mais Mme du Deffand, corrigeant son premier jugement sur Jeanne – « elle n'a d'affection et de haine pour personne » –, écrivit à Walpole : « Tout me fait peur. Je ne tiens pas le grand-papa, malgré toute la gloire qu'il a acquise, aussi affermi que je le voudrais. La du Barry le hait plus que jamais et on ne cesse de la harceler pour lui nuire. »

Pourtant, le premier jugement était juste : Jeanne était, par nature, incapable de haine. Si elle ne s'était heurtée à la froideur méprisante de Choiseul, d'autant plus humiliante qu'elle le savait loin d'être insensible au beau sexe, elle ne l'eût pas détesté. Elle devait avouer un jour que « sa *coquetterie* avait été réelle pour M. de Choiseul, mais qu'elle l'avait trouvé digne et froid ». Il avait repoussé toutes ses avances, voilà ce qu'une femme ne peut pardonner !

Faut-il pour autant faire de Choiseul, disgracié le 21 décembre de cette même année, la victime de Jeanne ?

Certes, les tracasseries quotidiennes du ministre et de son clan envers sa maîtresse contrariaient le roi. Elles empoisonnaient l'atmosphère de la cour et troublaient leur intimité. Le nom de Choiseul revenait un peu trop souvent dans la bouche de Jeanne, mais ses plaintes comme ses jongleries avec des oranges qu'elle accompagnait de « saute Choiseul », « saute Praslin », ces puérilités n'auraient pas suffi à déterminer le roi à se débarrasser de son ministre. Louis XV savait opposer une surdité tenace à toute invite qui n'entrait pas dans ses propres intentions ou contrevenait à ce qu'il estimait l'intérêt de son gouvernement.

On soupçonna cependant un véritable complot fomenté, dans l'appartement de la comtesse du Barry, par le « Triumvirat » décidé à se débarrasser de Choiseul. Jeanne devait convaincre le roi que le ministre était indigne de sa confiance.

Le roi d'Espagne était alors en difficulté avec l'Angleterre qui avait occupé une des îles Malouines, possession de l'Espagne. Non seulement les Anglais refusaient avec insolence de s'en retirer, mais menaçaient de s'emparer de toutes. L'Espagne avait envoyé trois frégates qui avaient canonné le fort anglais et fait la garnison prisonnière. Le roi d'Angleterre avait réagi en armant une escadre. L'Espagne devait présenter ses excuses et ramener les captifs sur l'île. Un refus déclencherait immédiatement les hostilités.

Choiseul était tenté de prendre par les armes une revanche sur l'ennemi de toujours, la perfide Albion, qui, par le traité de Paris, avait privé la France de ses colonies en Inde et en Amérique. Le roi ne voulait pas d'une guerre que le royaume, dans l'état de trouble où il était, ne pouvait supporter.

D'Aiguillon et Maupeou firent courir le bruit que, contrevenant à la volonté royale, Choiseul avait incité secrètement le roi d'Espagne à refuser toute négociation, lui promettant, en cas de guerre, le concours de la France, en vertu du Pacte de familles. Pour convaincre le roi de l'infidélité du ministre, Jeanne devait lui suggérer de faire venir nuitamment, chez elle l'abbé de La Ville, premier commis des Affaires étrangères : « Interrogez-le, au sujet de cette démarche auprès du roi d'Espagne. Sa réponse vous renseignera sur la façon dont M. de Choiseul vous sert. »

Seuls les *Mémoires* de Talleyrand font état de cette visite nocturne de La Ville et avec des détails si rocambolesques qu'il est difficile d'y porter foi.

C'est pourtant bien une lettre très ambiguë adressée à son homologue espagnol qui perdit Choiseul, mais on ne sait pas, de façon sûre, comment le roi en prit connaissance. Le fait est qu'il convoqua son ministre et laissa éclater sa colère : « Je vous ai dit que je ne voulais pas de guerre ! »

Dès cet instant le sort de Choiseul fut réglé, sans l'influence de quiconque, et sans que le roi laissât percer sa décision, pas même à l'intéressé.

Trois jours plus tard, le 24 décembre, à 10 heures du matin,

Choiseul reçut des mains du comte de Saint-Florentin, à présent duc de La Vrillière, le billet suivant : « J'ordonne à mon cousin, le duc de Choiseul, de remettre la démission de sa charge de secrétaire d'Etat et de surintendant des postes et de se retirer à Chanteloup jusqu'à nouvel ordre de ma part. »

L'affaire des Malouines avait mis certes le feu aux poudres, mais il y avait longtemps que le roi s'était refroidi à l'égard de Choiseul dont la politique intérieure différait de la sienne. De cœur avec les parlementaires, Choiseul avait toujours recommandé les négociations, les accommodements, les abandons même, sans jamais défendre les prérogatives royales. Au Conseil, ses silences le faisaient soupçonner de complicité avec le parlement, et Maupeou enfonçait le clou. On devait se méfier de Choiseul, répétait-il sans cesse à Louis XV. Le roi, chauffé à blanc par son chancelier, était résolu, comme il l'écrivit le 21 décembre au roi d'Espagne, à se faire obéir de ses parlements rebelles « par toutes les voies possibles », fût-ce par la violence. Une politique impossible à suivre avec Choiseul. Il devait donc changer de Premier ministre.

L'opinion publique s'est émue du renvoi de Choiseul dont elle ne doute pas qu'il est dû à la favorite. Choiseul qui, un temps, avait été tenté d'abandonner les affaires en raison des bâtons dans les roues que Maupeou et le contrôleur des finances Terray s'acharnaient à lui mettre, y avait renoncé, ses amis lui ayant remontré « qu'il y aurait avantage pour lui, vis-à-vis du public, à être renvoyé et même maltraité ; qu'il était plus noble d'être chassé par Mme du Barry que d'avoir l'air de faiblesse après avoir combattu… ». Et, de fait, sa disgrâce faisait de lui une victime de l'absolutisme. Les rues voisines de son hôtel parisien de la rue de Richelieu, où le roi lui avait accordé un sursis de deux jours pour régler ses affaires, étaient embouteillées par les voitures des courtisans et des parlementaires soucieux de lui manifester leur sympathie et leur ressentiment envers le Bien-Aimé qui ne l'était plus et sa favorite qui ne l'avait jamais été. A la barrière d'Enfer, c'est accompagné des ovations de la foule que celui qui la veille était craint ou honni, prendra la route de la Touraine.

On la verra à présent partout, la main de la du Barry ! Jusque dans le « coup d'Etat » de la nuit de janvier 1771 où une lettre de cachet sera portée par deux mousquetaires à chacun des magistrats en grève, leur enjoignant de répondre par oui ou par non à la sommation de reprendre leur siège. Devant leur refus unanime, le lendemain, une nouvelle lettre de cachet, transmise de la même manière, les condamnait à la confiscation de leurs biens et à l'exil.

Une caricature circulera, représentant le premier président du parlement offrant au roi, entouré du chancelier Maupeou, du contrôleur général Terray et de la du Barry, un panier empli des têtes, des bourses et des phallus de tous les magistrats. Maupeou s'y jetait sur les têtes, Terray sur les bourses et la du Barry sur les phallus.

Des épigrammes inonderont à nouveau le royaume, virulentes, obscènes :

France, tel est donc ton destin
D'être soumise à la femelle.
Ton salut vient de la Pucelle,
Tu périras par la catin.

Jeanne pourtant a si peu l'influence politique qu'on lui prête que le duc d'Aiguillon devra attendre six mois pour réaliser son ambition : remplacer Choiseul. Ce n'est qu'en juin 1771 qu'il sera nommé ministre des Affaires étrangères.

On dira que Jeanne, lasse de harceler en vain le roi au sujet de cette nomination, lui avait forcé la main. Selon Chamfort [1], Mme du Barry aurait dit à d'Aiguillon :

– Je veux que vous alliez demain matin remercier le roi de vous avoir nommé à la place.

En même temps, la favorite aurait prévenu Louis XV :

– M. d'Aiguillon ira demain vous remercier de sa nomination à la place de secrétaire d'Etat aux Affaires étrangères.

« Le roi ne dit mot, écrit Chamfort. M. d'Aiguillon n'osait pas y aller. Mme du Barry le lui ordonna ; il y alla. Le roi ne dit mot et M. d'Aiguillon entra en fonctions sur-le-champ. »

Ce récit pour fantaisiste qu'il soit, sous la plume d'un écrivain féroce pour la noblesse, traduit cependant la piètre opinion que l'on se faisait du roi et l'image que l'on s'efforçait d'en donner, un fantoche dans les mains de sa favorite.

1. Cité par le duc de Castries dans *La du Barry*.

Jeanne se soucie pourtant peu de régner sur la France. Son royaume est ailleurs. Un royaume enchanté. A ses pieds, dès son réveil, se précipite tout un peuple de tailleurs, de modistes, de couturières, de brodeurs, de galonniers, de chamarreurs pour remplir sa garde-robe de somptueuses toilettes ; les joailliers y font ruisseler leurs pierres précieuses pour toujours davantage de bijoux ; les argentiers et les orfèvres comblent sa folie de vaisselles, de flambeaux et de candélabres ; les artistes, celle qu'elle a pour les porcelaines, les bronzes, le cristal, les laques et les ivoires. Les décorateurs dessinent pour son appartement un mobilier exquis que mettent en valeur des panneaux de bois peints de teintes claires, encadrés de fines nervures dorées qui s'adoucissent aux angles ou s'épanouissent en rocaille.

Le coût de ce luxe insensé stupéfie celui qui feuillette les quatre volumes des comptes de la comtesse du Barry conservés à la Bibliothèque Nationale. Jeanne laisse s'accumuler les factures avec insouciance. Si sa liste civile ne suffit pas à les régler, qu'à cela ne tienne, le roi la doublera. Quoi d'étonnant alors à ce qu'on rendît la favorite responsable, par ses dépenses effrénées, de la crise financière dont souffrait le royaume !

III

1771

Le renvoi de Choiseul, son seul véritable ami à Versailles, avait plus que peiné Marie-Antoinette, il l'avait ulcérée comme le fruit des manigances de la méprisable Mme du Barry.

Il n'y avait pas que les choiseulistes à se déclarer bouleversés. Contre toute attente, Madame Adélaïde, qui aurait dû pavoiser car Choiseul lui apparaissait comme un démon dont le projet était « de détruire la religion », se disait outrée. Comme l'écrivit Mercy-Argenteau à Marie-Thérèse : « Tant d'inconséquence dans les procédés n'en annonce pas moins dans les conseils et j'en crains toujours les effets pour Madame la dauphine qui ne les écoute que trop. »

Marie-Thérèse, alertée par Mercy-Argenteau, envoya un express recommandant à sa fille « de ne jamais oublier la reconnaissance qu'elle devait aux Choiseul », mais en lui conseillant de « ne se laisser induire dans aucune faction », et de « rester neutre en tout » !

Au soulagement de l'ambassadeur qui avait tout à craindre du caractère impétueux et irréfléchi de la dauphine, Marie-Antoinette, pour une fois, sembla tenir compte des objurgations de sa mère...

On lui recommandait de ne rien entendre, de se taire ? Elle suivra la consigne à la lettre en l'appliquant à la du Barry ! Ce sera sa vengeance. Jeanne présente, et elle l'est tout le temps, la dauphine ne l'entend pas, ne lui parle pas, ne la regarde pas. Et si d'aventure la comtesse du Barry cherche son regard, Marie-Antoinette voit à travers elle comme à travers une vitre.

La dauphine a le droit pour elle : elle n'est pas obligée de parler à cette « dame » qui, en sa qualité de comtesse, occupe un rang infiniment inférieur à l'héritière du trône. Elle n'a pas non plus à répondre, puisque, en vertu de l'étiquette, une comtesse ne peut lui parler la première !

Le dauphin et Mesdames l'encourageaient dans cette attitude qui faisait la joie de la Cour, ce foyer d'intrigues, de haine et de vengeance.

Jeanne était bonne fille, elle pouvait hausser les épaules et même rire des épigrammes et des grossières chansons qui la visaient : elles lui prouvaient au moins son importance ; mais l'attitude de la dauphine la blessait parce qu'elle niait son existence.

Marie-Antoinette n'aurait su imaginer torture plus raffinée, plus cruelle.

Jeanne s'en plaint à d'Aiguillon qui s'en plaint à l'ambassadeur d'Autriche qui alerte Marie-Thérèse. L'austère impératrice est embarrassée – peut-elle ordonner à sa fille d'être polie envers une créature qui, à Vienne, serait déjà en maison de correction ? Elle se tire d'embarras en faisant donner les canons de la chancellerie. Le ministre Kaunitz écrit à Mercy-Argenteau :

« Manquer à des gens que le roi a mis en place ou dans la société, c'est manquer à lui-même. On ne doit voir en ces sortes de personnes que la circonstance d'être gens que le souverain a jugés dignes de sa confiance et de ses bontés et on ne doit pas se permettre d'examiner si c'est à tort ou à raison : le choix seul du prince doit être respecté. »

Un des rares jours de la semaine où il peut se rendre chez la dauphine – de trop fréquentes visites de l'ambassadeur effaroucheraient la cour qui crierait à l'ingérence de l'Autriche dans la politique de la France à travers la dauphine –, Mercy-Argenteau lit à Marie-Antoinette la lettre de Kaunitz. « Oui, oui », dit-elle, tout en envoyant au diable le chancelier de sa mère, bien décidée à ne rien changer à son attitude. C'est une affaire privée qui ne regarde qu'elle.

Marie-Thérèse alors s'en mêle. « Jusqu'à cette heure, on a attribué que vous étiez dirigée par Mesdames, lui écrit-elle, mais à la longue le roi va s'en ennuyer. »

Le roi « s'en ennuie » en effet, car Jeanne a fini par pleurer dans ses bras : c'est trop d'humiliation ! Il convoque Mme de

Noailles qui dirige la Maison de la dauphine, mais n'ose cependant aborder franchement l'attitude insultante de Marie-Antoinette envers sa favorite. Il se contente de quelques remarques :

– Madame la dauphine se permet de parler un peu trop librement de ce qu'elle voit ou croit voir… Cette conduite pourrait produire mauvais effet dans l'intérieur de la famille.

« La famille ! Cette femme fait partie de la famille ! » Marie-Antoinette croit rêver en entendant Mme de Noailles. Elle bondit le soir même chez le roi :

– Mon cher papa n'a-t-il pas assez d'amitié et de confiance en moi pour me parler directement sur ce qui peut lui être agréable ou lui déplaire ?

La spontanéité de sa petite-fille désarçonne Louis XV. Va-t-il lui dire qu'il entend que désormais elle se montre aimable avec la maîtresse de « son cher papa » ? Non, un reste de pudeur le retient. Il se contente de la cajoler, de l'embrasser. Marie-Antoinette sort de chez lui victorieuse.

Rien ne changera. Ni dans l'attitude de la dauphine, ni dans l'humiliation infligée à la du Barry. La cour ne s'est jamais autant amusée !

Pour en sortir, lors du séjour à Compiègne, fin juillet de cette année 1771, Louis XV transforme l'affaire privée en affaire d'Etat.

Un dîner chez la comtesse de Valentinois, la *suiveuse* de la comtesse du Barry, réunit le duc et la duchesse d'Aiguillon, le nonce, l'ambassadeur de Sardaigne et Mercy-Argenteau, qui, si étrange que cela paraisse, rencontrait pour la première fois Mme du Barry. Jeanne se montre comme à l'ordinaire brillante et particulièrement aimable avec l'ambassadeur d'Autriche qui a du mal à ne pas s'avouer conquis.

Au sortir de table, le duc d'Aiguillon prend à part Mercy :

– Monsieur l'ambassadeur, le roi désire vous parler en particulier. Sa Majesté vous prie de vous rendre après-demain, au retour de la chasse, chez Mme du Barry…

Le lieu fixé pour ce rendez-vous était pour le moins inattendu, mais l'absence à Compiègne d'une salle d'audience pouvait l'expliquer.

Mercy, passablement intrigué, se présente donc chez la comtesse à l'heure dite. Louis XV ne s'y trouve pas. En revanche, il y a là trois personnes que le duc d'Aiguillon entraîne aussitôt dans une pièce voisine sous prétexte de leur montrer un portrait. En tête-à-tête avec l'ambassadeur qu'elle a accueilli avec grâce et simplicité, Jeanne passe aussitôt aux confidences.

– Je suis désespérée, monsieur l'Ambassadeur. Pourquoi suscité-je tant de mépris ? On m'a desservie par des calomnies auprès de Madame la dauphine, que j'admire tant et pour laquelle j'éprouve un profond respect.

Mercy-Argenteau se sent mal à l'aise. Il répond en diplomate, c'est-à-dire en noyant le poisson dans des généralités sur la cour friande, comme toute cour, de médisances pour tromper son ennui. La comtesse aurait tort de s'en soucier, dit-il. Sa gêne augmente à l'entrée du roi par la porte dérobée.

« Dois-je me retirer, monsieur ? » dit Jeanne en s'adressant au roi.

Ce *monsieur* sidère l'ambassadeur mais ne semble pas contrarier le roi !

Sortie de la comtesse. Attaque du roi :

– Jusqu'à présent vous avez été l'ambassadeur de l'Impératrice, mais je vous prie d'être le mien au moins pour quelque temps. J'aime Madame la dauphine de tout mon cœur ; je la trouve charmante ; mais étant vive et ayant un mari qui n'est pas en état de la diriger, il est impossible qu'elle évite les pièges que l'intrigue lui tend.

Le roi n'a pas nommé ses filles, mais l'allusion est claire. Au cœur du sujet, il poursuit :

– Je remarque avec déplaisir que Madame la dauphine se livre à des préventions, à des haines qui ne viennent point d'elle et qui lui sont suggérées. Elle traite mal, et même avec affectation, les personnes que j'admets dans ma société particulière...

Mercy-Argenteau n'est pas surpris. Ce qu'il redoutait est arrivé. Il n'en mène pas large. Le roi va-t-il passer aux menaces voilées ? L'alliance France-Autriche est-elle en danger ? Mais Sa Majesté n'a qu'une hâte, en finir :

– Je vous autorise à lui dire tout ce que vous voudrez de ma part ; on lui donne de mauvais conseils, il ne faut pas qu'elle les suive...

Sortie de l'ambassadeur.

Mercy-Argenteau est convaincu, comme il l'écrira à Marie-Thérèse, que « l'ascendant de la du Barry sur le roi n'a presque plus de bornes ». Il est vrai que la comtesse a bien du charme, songe-t-il in petto.

Suit une scène chez la dauphine.

Marie-Antoinette, l'indomptable petite Marie-Antoinette, retrousse avec mépris sa lèvre habsbourgeoise sur ses dents mal plantées – sa seule disgrâce – et dit qu'au grand jamais elle n'adressera la parole à « cette créature ».

– Très bien, dit Mercy-Argenteau. Si Madame l'archiduchesse veut annoncer par sa conduite publique qu'elle connaît le rôle que joue à la Cour la comtesse du Barry, sa dignité exige qu'elle demande au Roi d'interdire à cette femme de paraître au cercle...

La dauphine hausse les épaules ; cette demande est naturellement inimaginable !

Mercy-Argenteau poursuit :

– ... Si, au contraire, elle veut paraître ignorer le véritable état de la favorite, il faut la traiter sans affectation, comme toute femme présentée, et lorsque l'occasion s'offrira lui adresser la parole, ne serait-ce qu'une fois. Cela ôtera tout prétexte à récrimination.

Marie-Antoinette s'enferme dans un silence boudeur. Mercy-Argenteau tente de lui faire peur : qu'elle prenne garde, on sait se servir du poison à la cour de France. On chuchote que le précédent dauphin en a été victime... Et pour finir, comme rien ne semble pouvoir ébranler la têtue, il sort son dernier atout : Marie-Thérèse. Que va dire l'impératrice d'Autriche à laquelle il devra rendre compte et de la volonté royale et de la résistance que Madame l'archiduchesse met à lui obéir ?

La dauphine capitule avec des larmes de colère. Elle redoute sa mère ; les lettres de Marie-Thérèse, elle ne les lit qu'en tremblant. Puisqu'il en est ainsi, elle accepte, grogne-t-elle, de dire quelques mots à cette femme, mais en présence de Mercy-Argenteau. Qu'il vienne au cercle. A la fin de la partie, qu'il engage la conversation avec « la Barry ». Elle s'arrêtera près d'eux, parlera avec lui et dira un mot en passant à la créature, puisqu'on y tient tellement...

Mercy-Argenteau est soulagé. Il ne lui reste plus qu'à prier la comtesse de se rendre le lendemain soir au cercle de Son Altesse Royale : elle sera satisfaite.

Entre-temps, Marie-Antoinette a fait part à ses tantes de sa résolution. Ne sont-elles pas ses confidentes ? Elle les voit jusqu'à cinq fois par jour !

On se pressa au jeu de la dauphine, ce soir-là. De bouche en bouche l'information avait circulé : demain soir la dauphine et la favorite se réconcilieraient. Aucun courtisan ne voulait manquer le spectacle.

Tout se déroula comme convenu. A la fin de la partie, Mercy-Argenteau s'approcha de Jeanne et engagea la conversation. Marie-Antoinette fit le tour du salon. Elle parla à chacune des dames, prit son temps, par anxiété sans doute. Elle n'était plus qu'à un pas de l'ambassadeur et de Jeanne qui la guettait du coin de l'œil, avec non moins d'anxiété. A ce moment, une voix s'éleva, autoritaire. Madame Adélaïde s'adressait à la dauphine : « Il est temps de s'en aller, partons ; allons attendre le roi chez ma sœur Victoire. » Marie-Antoinette rougit et tourna les talons. Cela ressemblait à une fuite. Les mots tant désirés n'avaient pas été prononcés.

Humiliée comme jamais, ulcérée, Jeanne remonta à son appartement. Elle donnait à souper ce soir-là. Elle fit bonne figure et même se montra particulièrement amicale avec Mercy-Argenteau, comme pour effacer leur échec à tous deux. Il n'en fut pas de même pour le roi qui les rejoignit, le visage crispé : « Eh bien ! Monsieur de Mercy, vos avis ne fructifient guère ; il faudra que je vienne à votre secours ! » et il tourna le dos.

L'ambassadeur était consterné. Consterné aussi par l'inconscience de la dauphine qui, loin de sembler regretter sa conduite, ironisa : « Je vous fais compliment de la bonne compagnie où vous avez soupé dimanche ! » L'impératrice devait intervenir, pensa Mercy ; elle seule pouvait ramener sa fille à la raison. Il y allait de toute la politique de l'Autriche. Pour un mot que « la petite », comme disait Kaunitz, refusait de prononcer, l'alliance franco-autrichienne pouvait s'effondrer, et le roi empêcher l'Autriche de se rapprocher de la Prusse pour se partager la Pologne.

Marie-Thérèse écrit incontinent à la rebelle :

« Vous n'agissez que par vos tantes. Je les estime, je les aime, mais elles n'ont jamais su se faire aimer ni de leur famille, ni du public, et vous voulez prendre le même chemin. Cette crainte de dire seulement le bonjour ; un mot sur un habit, sur une bagatelle vous coûte tant de grimaces, pures grimaces, ou c'est pire. Je ne puis plus me taire, après la conversation de Mercy-Argenteau, et tout ce qu'il vous a dit que le roi souhaitait et que votre devoir exigeait, vous avez osé lui manquer : quelle bonne raison pouvez-vous alléguer ? Aucune. Vous ne devez connaître ni voir la du Barry d'un autre œil que d'être une dame admise à la Cour et à la société du roi. Vous êtes la première sujette de lui, vous lui devez obéissance et soumission ; vous devez l'exemple à la Cour, aux courtisans, que les volontés de votre maître s'exécutent. Si on exigeait de vous des bassesses, des familiarités, ni moi ni personne ne pourrait vous les conseiller ; mais une parole indifférente, de certains regards, non pour la Dame mais pour votre grand-père, votre maître, votre bienfaiteur ! Et vous lui manquez si sensiblement dans la première occasion où vous pouvez l'obliger et lui marquer votre attachement, qui ne reviendra plus de sitôt ! Voyons à cette heure pour qui ? Par une honteuse complaisance pour ces gens qui vous ont subjuguée en vous traitant en enfant… »

Marie-Thérèse rend responsable « la clique abominable », comme elle appelle Mesdames lorsqu'elle se laisse aller à être sincère, de la désastreuse conduite de sa fille. Elle leur en veut pêle-mêle de tout, des enfantillages de Marie-Antoinette avec les enfants de ses femmes de chambre, de ce que malgré ses propres conseils elles ont encouragé les promenades à âne qui amusaient tant sa fille – « une dissipation » –, pis, elles l'ont incitée à monter comme elles à cheval – « cela gâte le teint »… Et l'algarade finit par un sévère avertissement : « Voilà les grandes causes qui vous attachent de préférence à eux qu'à votre maître et qui vous rendront à la longue ridicule, ni aimée ni estimée… »

Marie-Antoinette pour une fois se cabre : « Si vous étiez portée de voir comme moi tout ce qui se passe ici, vous croiriez que cette femme et sa clique ne seraient pas contentes d'une parole et ce serait toujours à recommencer. Vous pouvez être assurée que je n'ai besoin d'être conduite par personne pour tout ce qui est de l'honnêteté. »

Marie-Thérèse alors a recours au chantage sentimental. Elle se déclare peinée non de la vive réaction de sa fille, mais « du silence entier » que Marie-Antoinette a observé dans sa réponse sur le chapitre de ses tantes, « ce qui pourtant était le point essentiel de ma lettre, écrit l'impératrice, et qui était la cause de tous vos faux pas. […] Est-ce que mes conseils, ma tendresse méritent moins de retour que les leurs ? J'avoue, cette réflexion me perce le cœur ».

Cette fois, Marie-Thérèse a tapé juste. Si la rebelle qui vient de fêter ses seize ans discute encore, c'est par orgueil, mais ce n'est qu'un combat d'arrière-garde. Elle finit par se rendre : « Je ne dis pas que je ne lui parlerai jamais mais ne puis convenir de lui parler tel jour à telle heure pour qu'elle le dise d'avance et en fasse un triomphe. »

Jeanne est triste. Elle ne veut pas aller à Fontainebleau, dit-elle au roi, elle y essuie trop d'avanies ; elle ne veut plus jamais paraître en présence de Mesdames. Louis ne répond pas.

– Vous ne m'aimez donc plus !

Il sort, mais lui fait parvenir un billet : « Vous avez tort de croire que je ne vous aime plus parce que je ne vous ai pas répondu… »

Ces querelles de famille excédaient Louis XV. Il avait déjà trop de soucis avec les parlements, et s'il avait réussi à calmer l'Espagne et à éviter d'entrer en guerre, il se tourmentait au sujet de la Pologne si chère à Marie Leczinska, ce gâteau que la Russie, la Prusse et l'Autriche méditaient de se partager. Et voilà que sa maîtresse et ses filles étaient en guerre !

Il trouva un compromis. Désormais, décida-t-il, ni à Marly ni à Choisy, les séjours en petite compagnie, Jeanne n'aura à subir la présence de Mesdames. Mais pas question pour lui de se priver de sa favorite, on n'y priera plus ses filles, voilà tout ! Et pour donner à Jeanne la preuve qu'elle était son seul bonheur, il donna l'ordre de vendre le Parc-aux-Cerfs !

*
* *

Chanteloup, le lieu d'exil de Choiseul, était devenu une véritable cour. Il était à présent de bon ton de manifester sa liberté d'esprit à l'égard du pouvoir. Néanmoins, pour se rendre chez Choiseul, il fallait la permission du roi ; Louis XV, lassé devant l'afflux des demandes, finissait par répondre : « Faites ce que vous voudrez. » Il ne montra pas moins son déplaisir en ôtant au prince de Beauvau son commandement du Languedoc, et au duc

1. « Les gardes Suisses avaient un privilège qui remontait sans doute aux premiers temps de la maison du roi de France. Seuls ils avaient le droit d'environner la personne du monarque et de former carré autour de lui sans qu'il fût entouré des dignitaires de la couronne » (Vatel).

de Castries son poste au ministère de la Guerre. Comme la fronde persistait, Louis XV, irrité, exigea de Choiseul sa démission de colonel-général des Suisses [1], la seule grande dignité qui restait à l'ex-ministre. Démission, car la charge était inamovible, le roi ne pouvait la lui retirer.

Le duc réagit violemment. Il ne doutait pas que cette marque de méfiance qui aggravait son déshonneur et amputerait gravement ses ressources avait été soufflée au roi par d'Aiguillon et Mme du Barry.

Il songea d'abord à écrire au roi une courte et sèche lettre de démission. Ses amis la désapprouvèrent : « Il était d'un Don Quichotte de marquer de la noblesse vis-à-vis d'un prince qui en était dénué absolument et qui était entièrement gouverné par une catin. » Il fallait tirer le meilleur parti possible de la situation. Choiseul rédigea donc un placet où il sollicitait du roi, en termes très respectueux, la fin de son exil, une compensation financière à la privation de ses charges et une pension pour la duchesse, arguant qu'il avait dépensé l'immense fortune de son épouse dans ses ambassades et son ministère. Le comte du Châtelet, qui avait été lié dans sa jeunesse au duc d'Aiguillon et croyait pouvoir compter sur son amitié, se chargea de porter le placet à Versailles et de le remettre au roi en main propre.

D'Aiguillon, que le comte vit en premier, le reçut très froidement. M. du Châtelet le pria de demander pour lui au roi la permission de lui remettre la lettre. Après une interminable discussion où il déversa toute son aigreur, d'Aiguillon avait accepté, mais de si mauvaise grâce que Châtelet prit sur lui de solliciter sur l'heure un entretien à Mme du Barry et ce quoique Choiseul lui eût recommandé de ne parler en son nom ni à la favorite ni aux ministres : « Leurs marques d'intérêt ou leurs bienfaits l'auraient humilié. »

Le comte s'étonna de la facilité avec laquelle Jeanne lui accorda l'entretien demandé et de la patience qu'elle mit à écouter le long historique de l'affaire avant de conclure :

– J'apporte une lettre de M. de Choiseul pour le Roi que je dois lui remettre à lui-même ; j'en ai déjà parlé à monsieur d'Aiguillon qui s'est chargé d'en parler au Roi, mais je vous prie de m'aider à obtenir cette satisfaction et, si le Roi le juge à propos, que ce soit en votre présence.

Jeanne est incapable de rancune. L'occasion est pourtant belle de se venger de Choiseul. Elle ne songe nullement à la saisir. Bien au contraire :

– Je serai fort aise de venir en aide à monsieur de Choiseul, dit-elle avec un joli sourire. Je n'ai contre monsieur le duc aucun acharnement. Je serai charmée de trouver l'occasion présente de le faire paraître. J'ai tout fait au commencement pour convaincre le duc de mon amitié, il n'a pas voulu m'entendre. J'en ai été désespérée. Il aurait dû sentir que cela ne pouvait subsister sur le pied où étaient les choses dans les derniers temps. Non pour moi qui n'étais qu'un point, mais pour le roi, froissé perpétuellement dans l'objet de son attachement. Mais, croyez-le, j'aurais tant désiré qu'il en fût autrement, tant souhaité d'être bien avec monsieur de Choiseul !

Conquis par ce ton si franc, si ouvert, le comte lui propose de lire la lettre du duc.

– Laissez, Monsieur le comte. Ce n'est point à moi que cette lettre s'adresse mais au Roi. Je ne la lirai pas.

Mais le comte qui savait la lettre par cœur la lui récita en la commentant. Ils discutèrent ensemble de chaque demande de Choiseul et le comte trouva en elle une interlocutrice avisée et conciliante. Elle ne montra de réticence que sur un point : la liberté que le duc réclamait :

– Il serait imprudent d'en parler en ce moment-ci. Il faudrait un moment plus favorable. Cela viendra sûrement, peut-être bientôt.

M. du Châtelet sortit tout content de ce long entretien. Mme du Barry lui avait promis d'en rendre compte tout de suite au roi. Il l'écrivit sur-le-champ à Chanteloup.

Choiseul se montra furieux de l'initiative de son messager. « Je n'aurais pas été d'avis que M. du Châtelet s'adressât à Mme du Barry, écrit-il dans ses *Mémoires ;* ce moyen me répugna dès que je lus sa lettre et me parut ce qu'il devait être, inutile. »

C'était méconnaître Mme du Barry et sa force de caractère. Aux premiers mots de Jeanne, le roi se mit en colère. Elle lui tint tête, une heure durant. Elle tint tête avec encore plus d'énergie à d'Aiguillon encore plus enragé que le roi. Elle revint sans cesse à la charge auprès de l'un comme de l'autre et pour finir, elle l'emporta. Non sur le chapitre de l'exil : là-dessus, comme elle le prévoyait, Louis XV resta intransigeant, mais le duc de Choiseul obtint cent mille livres de plus qu'il n'avait demandé !

La cour en demeura sidérée.

Ni le duc ni la duchesse de Choiseul ne remercièrent la comtesse du Barry, murés dans leur orgueil, blessés de devoir montrer quelque reconnaissance à celle qu'ils avaient méprisée.

Ailleurs qu'à Chanteloup, on salua la favorite et sa générosité :

Chacun doutait, en vous voyant si belle,
Si vous étiez femme ou déité ;
Mais c'est trop sûr, votre rare bonté
N'est pas l'effort d'une simple mortelle.
Quoi qu'ait écrit jadis, en certain lieu,
Un roi prophète en sa sainte demeure,
Quoi qu'un poète en ait dit, la vengeance
N'est que d'un homme et le pardon d'un Dieu.

Il fallait bien cela pour panser la blessure infligée à Jeanne par les « bonnes feuilles » du *Gazetier cuirassé*, un libelle infâme, œuvre d'un certain Thévenot, dit de Morande, maître chanteur professionnel. Réfugié en Angleterre, il envoyait à ses victimes quelques pages scandaleuses de son prochain ouvrage, menaçant de le publier tout entier si elles ne souscrivaient pas à ses exigences.

Jeanne fut affolée par ces *Mémoires secrets d'une femme publique ou Essai sur les aventures de Mme la Comtesse du Barry depuis son berceau jusqu'à son lit d'honneur*, qui mêlaient habilement vérités – mais elles n'étaient pas toutes bonnes à dire ! – et calomnies, que des biographes prendraient pour des vérités. Louis XV n'était pas moins atteint que sa favorite. Il était abondamment question dans ces mémoires apocryphes de ce qui se passait dans « *le lit d'honneur* » et des prouesses auxquelles Mme du Barry devait se livrer « pour tendre le ressort intime du Roi ».

Le Cabinet secret s'en émut ; le comte de Broglie [1] contacta le chevalier d'Eon pour l'envoyer en Angleterre récupérer le libelle.

– Je connais ce Morande, dit le chevalier d'Eon. Il aimerait mieux dire du mal de lui-même que de n'en pas dire des autres ! Il

1. Charles-François, comte de Broglie (1719-1781), chef du secret du roi après la guerre de Sept Ans. Protégé de la duchesse de Mirepoix et un des premiers familiers du clan du Barry.

a si souvent frappé à ma porte que je l'ai laissé entrer chez moi de temps en temps pour ne point me mettre à dos un jeune homme dont l'esprit est des plus turbulents et des plus impétueux, qui ne connaît ni bornes ni mesures, ne respecte ni le sacré ni le profane. Voilà quel est l'individu : il a du foin dans les cornes, il convient de s'en méfier ! C'est un homme qui met à contribution plusieurs personnes riches de Paris par la crainte de sa plume... Je pense que si on lui offrait 800 guinées, il serait fort content. Je sais qu'il a besoin d'argent à présent ; je ferai tous mes efforts pour négocier à une moindre somme. Mais à vous dire vrai, monsieur, je serais charmé que l'argent lui fût remis par une autre main que la mienne afin que d'un côté ou d'un autre, on ne s'imagine pas que j'ai gagné une seule guinée sur un pareil marché [1].

Le chevalier mena tambour battant et avec succès la négociation. Malheureusement, Morande comprit qu'il avait trouvé là une mine d'or. Il s'était bien engagé devant un homme de loi à verser 1 000 livres aux pauvres d'une paroisse londonienne, « s'il était par la suite convaincu d'avoir publié quoi que ce soit contre le roi, sa maîtresse ou ses ministres », mais qu'est-ce 1 000 livres quand on peut en tirer du trésor royal 32 000 ! C'est ce qu'il demandera pour un nouveau manuscrit, plus une pension viagère de 4 800 livres réversible par moitié sur la tête de sa femme.

Le roi se rebiffera : « Ce n'est pas la première fois qu'on dit du mal de moi dans ce genre ; ils sont les maîtres. Je ne me cache pas. L'on peut sûrement répéter ce que l'on a dit de la famille du Barry. C'est à eux de voir ce qu'ils veulent faire... »

Jean du Barry dépêchera incontinent à Londres des tueurs... Thévenot déjouera le piège tendu et, mieux, fera pourchasser les sbires du comte du Barry par les policiers de Londres !

Louis XV décidera alors de faire appel à un nouvel agent secret : Beaumarchais. Celui-ci était accablé de procès dont le dernier en date lui avait valu la perte de ses droits civils. On lui promettra sa réhabilitation en échange de deux services : s'emparer de la prose de ce Thévenot de Morande en en discutant le prix et convaincre le chevalier d'Eon de se séparer de papiers qui menaçaient la diplomatie secrète. Les négociations dureront jusqu'au printemps 1774.

1. Archives des Affaires étrangères, *Correspondance secrète de Louis XV.*

IV

1772-1773

1er janvier 1772. La dauphine reçoit dans la vaste chambre à coucher qui fut celle de la reine. Jeanne y entre accompagnée de la maréchale de Mirepoix et de la duchesse d'Aiguillon. Aux révérences d'usage dont la comtesse se tire comme toujours avec une grâce incomparable, la dauphine ne répondait d'ordinaire que par un froid signe de tête. Aujourd'hui, miracle, on l'entend dire : « Il y a bien du monde aujourd'hui à Versailles. »

Les malveillants pourraient discerner une insulte dans cette phrase d'une banalité affligeante ; la cour y voit la fin d'un long duel : enfin, la dauphine a parlé à la favorite ! Mesdames en blêmissent de rage et le roi ravi multiplie à sa petite-fille les démonstrations de tendresse.

Cet effort a coûté à l'orgueilleuse Marie-Antoinette : « Je lui ai parlé une fois, mais je suis bien décidée à en rester là, cette femme n'entendra plus le son de ma voix », lance-t-elle, amère, à Mercy. Et elle écrit à sa mère :

« Je ne doute point que Mercy-Argenteau vous ait mandé ma conduite du jour de l'An et j'espère que vous en aurez été contente. Vous pouvez bien croire que je sacrifie toujours tous mes préjugés et répugnances, tant qu'on ne me propose rien d'affiché contre l'honneur. Ce serait le malheur de ma vie s'il arrivait de la brouille entre mes deux familles ; mon cœur sera toujours pour la mienne ; mes devoirs ici sont bien durs à remplir. Je frémis à cette idée ; j'espère que cela n'arrivera jamais et qu'au moins je n'en fournirai pas le prétexte. »

La réponse arriva, cinglante :

« Vous m'avez fait rire de vous imaginer que moi ou mon ministre pourrions jamais vous donner des conseils contre l'honneur ; pas même contre la moindre décence. Voyez par ce trait combien les préjugés et les mauvais conseils ont pris sur votre esprit. Votre agitation après ce peu de paroles, le propos de n'en plus tenir font trembler pour vous… Je vous le répète, ma chère fille, si vous m'aimez, de suivre mon conseil ; c'est de suivre sans hésiter et avec confiance tout ce que Mercy-Argenteau vous dira ou exigera ; s'il souhaite que vous répétiez vos attentions vis-à-vis de la dame ou d'autres, de le faire. »

Le renvoi à la fin janvier d'une dame de la comtesse de Provence coupable d'avoir offensé Mme du Barry n'était pas fait pour arranger les choses. Marie-Antoinette se montrait furieuse que son beau-frère se montrât « par ce renvoi et nombre d'autres petites circonstances » de plus en plus « entièrement lié au parti de la favorite », comme elle l'écrivit à sa mère en ajoutant : « Il en est résulté dans la famille royale une scission dont les suites pourraient devenir très fâcheuses. » Indignée aussi du bruit qui courait et que rapporta Mercy-Argenteau à l'impératrice : « On dit que le roi et le duc d'Aiguillon ont de fréquents pourparlers avec madame Louise, la carmélite, qui doit fortement engager le pape à dissoudre le mariage de Mme du Barry pour la mettre à même d'épouser le roi. »

La vérité était qu'encouragée par d'Aiguillon, Jeanne poursuivait maintenant un rêve impossible. Elle avait demandé et obtenu en mai la séparation de corps d'avec Guillaume du Barry, mais parvenir à faire annuler religieusement son mariage était une autre histoire, et amener le roi à une union morganatique, se bercer d'illusions.

Jeanne ne pouvait cependant pas ne pas s'inquiéter de ce qu'il adviendrait d'elle le jour où son amant disparaîtrait. Elle ne tenait son pouvoir que de ce monarque que la mort talonnait. Pour ce siècle, dépasser la soixantaine représentait déjà une rare longévité. Le jour où elle deviendrait reine, l'animosité de « la petite rousse » pouvait envoyer la favorite en exil ou pis encore…

→ réaliste

L'intérêt commandait que Jeanne cherchât par tous les moyens à adoucir la dauphine, dont l'attitude était de plus en plus détestable. L'intérêt, mais aussi le véritable attachement – rien ne permet d'en douter – qu'elle ressentait pour le roi. On peut y voir l'affection quasi filiale de celle qui n'avait jamais connu de père pour l'homme qui en avait largement l'âge et dont elle partageait le lit, mais plus encore la vie, et qui souffrait de la désunion de sa famille. Aussi Jeanne ravalait-elle son ressentiment, dédramatisait-elle les tracasseries, multipliait-elle les avances sans se décourager devant les rebuffades.

Ainsi, en août, la cour étant à nouveau à Compiègne, Jeanne fit part à Mercy-Argenteau de son désir d'aller faire sa cour à la dauphine. L'ambassadeur se précipita chez Marie-Antoinette pour « la supplier de vouloir bien faire à cette femme une réception convenable qui n'excitât point les rumeurs ». Sans doute ce jour-là la dauphine était-elle de bonne composition, car elle adressa la parole à Mme d'Aiguillon qui avait accompagné Jeanne, puis tint quelques propos sur le temps et sur la chasse, « de façon que sans interpeller directement la comtesse du Barry, celle-ci pouvait croire que ces propos s'adressaient autant à elle qu'à la duchesse d'Aiguillon ». « Il n'en fallut pas davantage pour que la favorite fût très contente », se félicita l'ambassadeur. De son côté, le roi manifesta à la dauphine son ravissement par un cadeau.

Jeanne était prête à se contenter de peu ! Mais ce peu était encore trop pour la dauphine. Elle revint à sa bouderie, même si, en octobre à Fontainebleau, harcelée par l'ambassadeur, elle consentit à proférer en présence de la favorite un « Il fait mauvais temps aujourd'hui ; on ne pourra pas se promener dans la journée ». Phrase en réalité lancée à la cantonade. Jeanne n'en fut pas dupe et si elle l'avait été, elle eût été bientôt détrompée. Quelques jours plus tard, la duchesse de Cossé, dame d'atour de la dauphine, annonça qu'elle ne paraîtrait pas au grand souper donné par le duc de La Vrillière en l'honneur de la comtesse du Barry. Singulière avanie !

Jeanne perdit alors patience et laissa éclater sa colère. Mercy-Argenteau usa de tout son talent de diplomate pour la calmer. Il y parvint, mais il chapitra en vain Marie-Antoinette. Le chantage politique ne prenait plus sur la dauphine. Le traité du partage de la Pologne avait été signé sans que la France pourtant consternée n'eût bronché et sa mère, malgré beaucoup de jérémiades, s'en était déclarée satisfaite. Il faudrait trouver un autre argument pour convaincre la rebelle de changer de conduite.

Comment expliquer cette hostilité qui n'était même plus le fait de l'influence de Mesdames dont la dauphine s'était détachée ?

Marie-Antoinette a 17 ans, elle est ravissante, et toute femme approchant la trentaine devrait pâlir de jalousie devant sa jeunesse, sa fraîcheur et sa grâce. Mais c'est elle que mortifie la beauté épanouie de la favorite, et cette langueur du regard qui dénonce le bonheur du corps livré au secret des nuits partagées. Un secret que Marie-Antoinette brûle en vain de connaître. Si le dauphin venait, « par devoir », se placer dans son lit, comme le note Mme Campan, « il s'endormait souvent sans lui avoir adressé la parole ». Le jour, le dauphin semblait se plaire de plus en plus en la compagnie de sa délicieuse jeune femme, mais les nuits… il ne se passait toujours rien. Ce « Rien » martèle les pages du journal qu'il rédigeait scrupuleusement, au jour le jour.

On peut penser tenir là la clef du caractère de Marie-Antoinette, de sa nervosité, de ses sautes d'humeur et plus encore de son agressivité envers la favorite.

*
* *

Aux réceptions du 1er janvier 1773, il fut évident que le cessez-le-feu était définitivement rompu. Mercy-Argenteau en informe Marie-Thérèse :

« … La favorite s'est présentée chez M. le dauphin, il l'a traitée fort bien et lui adressa la parole au grand étonnement de tout le monde. Mais par un contraste auquel je ne devais pas m'attendre, il arriva que Mme la comtesse du Barry fut très mal reçue chez Mme la dauphine qui ne dit un mot à personne, pas même à la duchesse d'Aiguillon, ni à la maréchale de Mirepoix accompagnant la favorite. Je fus aussi surpris que consterné de cet incident et je ne tardai pas à aller faire mes plaintes à Mme l'archiduchesse. S.A.R. parut un peu embarrassée de cette remontrance et elle exigea que je rendisse à V.M. un compte rendu très mitigé de ce qui s'était passé.

« Je trouvai la favorite très mortifiée… et je n'en fus pas quitte à si bon marché avec M. le duc d'Aiguillon, qui me dit, entre autres choses piquantes, qu'il semblait que Mme la dauphine eût le projet de narguer le roi par la façon dont elle traitait les personnes qu'il affectionnait le plus. »

Naturellement, Marie-Antoinette reçut de sa mère l'ordre de réparer en février « la gaffe » de janvier. Mercuriale sans effet. Non seulement la dauphine persista dans sa conduite, mais elle l'aggrava en ne parlant plus aux hommes qui fréquentaient la favorite.

Ce combat se livrait en public et défrayait la chronique de la cour, comme celui qui, en août, eut pour terrain la présentation de la jeune vicomtesse du Barry à Compiègne.

Jeanne, songeant à l'avenir, cherchait à s'ancrer plus solidement dans la société aristocratique. De même que la Pompadour avait envisagé de marier sa fille à un bâtard de Louis XV, Jeanne, pour son cher neveu Adolphe du Barry, avait tout d'abord jeté son dévolu sur la fille que Louis XV avait eue de Morphise, la jeune maîtresse dont la marquise avait eu si peur qu'elle l'avait écartée de Versailles en la mariant tambour battant à un gentilhomme auvergnat d'excellente noblesse. Puis, le roi ayant préféré unir sa bâtarde au marquis de la Tour du Pin, Jeanne se rabattit sur une des petites cousines du prince de Soubise, sans aucune fortune mais, selon le comte d'Espinchal, « belle comme l'amour ». Le beau et jeune vicomte Adolphe ne pouvait pas se plaindre du choix de sa tante, d'autant qu'elle l'assortissait d'une donation de 200 000 livres, qu'elle se chargeait du trousseau de la promise et la comblait de fastueux cadeaux, jusqu'à sa robe de mariée « blanche et argent, garnitures de blonde d'argent et de fleurs d'argent, nœuds et collier argent ».

Louis XV, le dauphin, Marie-Antoinette, le comte de Provence et le comte d'Artois [1], Madame, comtesse de Provence, ainsi que Mesdames de France, apposèrent leurs signatures au bas du contrat de mariage.

Marie-Antoinette se devait de faire payer à « la créature » cet honneur !

Il y avait foule à Compiègne pour assister à la présentation que parrainait la comtesse du Barry. On était curieux de voir la jeune

1. Les futurs Louis XVIII et Charles X.

beauté qui ressemblait, disait-on, si fort à Mme de Châteauroux que le roi jetait sur elle un regard concupiscent [1]. Après les révérences d'usage devant le roi, Jeanne et sa nièce montèrent à l'appartement du dauphin et de la dauphine. Leur entrée, annoncée par un huissier, immobilisa le dauphin, dos tourné, dans l'embrasure d'une fenêtre où il poursuivit ostensiblement sa conversation avec un gentilhomme en tambourinant sur la vitre. Marie-Antoinette salua avec raideur d'un signe de tête la favorite, la jeune mariée, et les dames qui les accompagnaient, sans proférer la moindre parole, comme elle se l'était juré. La scène se renouvela le soir au jeu de la dauphine, où l'étiquette imposait aux dames nouvellement présentées de paraître, puis le lendemain à sa toilette où elles se devaient d'aller faire leur cour.

Jeanne avait sollicité pour Adolphe la fonction d'écuyer du dauphin, charge qui consistait à débotter le prince à son retour de la chasse.

« Qu'il n'approche pas de moi, je lui donnerai ma botte sur la joue », avait dit le dauphin.

Camouflet qui amena des larmes dans les yeux de Jeanne quand on le lui rapporta. Cette fois le roi ne les sécha pas, mais il ne nomma personne à la fonction d'écuyer. Et lors du second mariage arrangé, cette même année, par Jeanne pour son beau-frère Elie du Barry, lieutenant au régiment de la reine, le roi dota Elie, lui conféra le titre de marquis et le commandement de la garde suisse du comte d'Artois, et la femme d'Elie, une jeune fille issue d'une excellente noblesse de Guyenne, fut nommée dame d'honneur de la comtesse d'Artois.

A la présentation de la marquise du Barry, « l'accueil de la dauphine fut, ainsi qu'à la présentation de la vicomtesse Adolphe, très froid et silencieux », écrivit à Vienne Mercy-Argenteau.

Jeanne ne savait plus que faire pour dénouer la situation. Tout se vendait à Versailles, pourquoi ne pas tenter d'acheter sa paix avec la dauphine ? pensa-t-elle en désespoir de cause. Et, connaissant la passion de Marie-Antoinette pour les pierreries, la voilà qui persuade le comte de Noailles de lui parler de merveilleux

1. A une réflexion qui lui fut faite, la comtesse du Barry repartit, non sans esprit d'à-propos : « Si ma nièce devenait la maîtresse du roi, au moins la place ne sortirait pas de la famille. »

pendants d'oreilles, quatre brillants d'une beauté extraordinaire, estimés sept cent mille livres – plusieurs millions de nos francs. S'ils tentaient la dauphine, le comte devait dire que la comtesse du Barry les lui ferait faire offrir par le roi.

Jeanne ne pouvait imaginer démarche plus maladroite ! Marie-Antoinette y répondit avec hauteur : « J'ai des bijoux à suffisance. »

Pour une fois Marie-Thérèse approuva cette conduite. « Le refus de ma fille d'accepter en présent un bijou par l'entremise de la favorite est bien à sa place ; c'est un point sur lequel je suis délicate... », écrivit-elle à Mercy-Argenteau. Assurément, Marie Leczinska, reine de France, était moins « délicate » en acceptant les cadeaux suggérés au roi par la Pompadour.

Curieuse année 1773 qui mêla pour Jeanne humiliations et triomphes. Il y avait eu ce pénible carême prêché par l'abbé de Beauvais qui avait tonné du haut de sa chaire des vérités déplaisantes, sans épargner personne, ni le roi, ni sa favorite.

Mais, en dépit de Marie-Antoinette et de sa coterie, Jeanne avait conquis un réel prestige auprès des cours étrangères. Elle le devait à Gustave III de Suède qui, de passage incognito, en 1771, avait voulu la connaître et, charmé, avait beaucoup fréquenté son appartement. La mort de son père et son accession au trône l'arrachèrent à la société parisienne qui avait fait de lui son idole. Avant de partir, il avait offert à Jeanne un collier de diamants pour son petit chien. De Suède, il lui écrivait son amitié. Il comptait sur elle pour raffermir l'appui de Louis XV dans la lutte qu'il menait pour asseoir sa pleine autorité royale.

Louis XV, qui rencontrait les mêmes difficultés avec son opposition, n'avait nul besoin qu'on l'incitât à soutenir le jeune roi ; de plus, une alliance avec la Suède maintenait à ses yeux l'équilibre européen compromis par le partage de la Pologne qu'il avait dû entériner, faute d'être en état de l'empêcher. Ce n'est pas diminuer l'importance de Jeanne que de le noter, mais cela souligne au contraire que le roi admettait qu'elle fût au courant de tout et pût s'entretenir avec lui des affaires de l'Etat. Mercy-Argenteau le savait bien, lui qui écrivait à l'impératrice : « Je me trouve en bonne position auprès de cette favorite. [...] J'espère tirer parti de cette femme pourvu que Mme la dauphine ne fasse pas d'écarts. »

Plus important pour Jeanne, elle était certaine de régner sans partage sur le cœur du roi en dépit des efforts de ses ennemis pour lui susciter une rivale et faire courir le bruit qu'elle était sur le déclin. La cour put se rendre compte qu'il n'en était rien, lors du banquet royal donné en l'honneur du mariage du comte d'Artois [1] : « On sait qu'à ce banquet seule la famille royale et les princes sont admis (le roi était au milieu), face à lui Mme la comtesse du Barry, radieuse comme le soleil et ayant, à elle seule, pour cinq millions de pierreries sur sa personne. Pendant tout le repas, elle n'était en contemplation que de Sa Majesté et le roi ramenait sans cesse sur elle des yeux de complaisance et lui faisait des mines remarquables. On a cru que Sa Majesté était très aise de démentir ainsi publiquement les bruits de défaveur qu'on faisait courir sur le compte de cette dame dont la reconnaissance et le profond respect n'éclataient pas moins sensiblement [2]. »

Radieuse comme le soleil, oui, Jeanne l'était en cette fin d'année 1773. Hélas ! la nuit n'allait pas tarder à tomber.

---

1. Il épousait Marie-Thérèse de Savoie, sœur de Marie-Joséphine, dite Madame, la comtesse de Provence.

2. *Nouvelles à la main* de la Maison d'Harcourt, texte cité par le duc de Castries.

V

1774

Le jour de l'An s'est passé sans incident et même, dit-on, les visites à la famille royale dans une atmosphère courtoise. Marie-Antoinette a-t-elle enfin déposé les armes ? N'eût été l'orgueil et les préjugés de la dauphine, les deux jeunes femmes, toutes deux vives, espiègles, spontanées, avaient tout pour s'entendre ; Marie-Antoinette a-t-elle compris qu'avec la comtesse du Barry elle pourrait chasser l'ennui qui l'accablait le long de ses moroses journées ?

Si la dauphine semble s'être lassée de cette guerre froide, c'est que les partisans de la comtesse du Barry paraissent, eux, se refroidir.

Mercy-Argenteau, « l'œil de Vienne » auquel rien n'échappe de ce qui se passe à Versailles, l'a perçu dès février : « Quoique la comtesse du Barry vienne de donner des preuves d'un crédit très affermi et malgré que le roi paraisse plongé à son égard dans un aveuglement aussi décidé que déplorable, il règne cependant dans tout le parti de la favorite des craintes et des doutes sur le moment où ce monarque pourrait rentrer en lui-même. »

On a remarqué dans l'entourage du roi que le souverain parle un peu trop de son âge, et beaucoup trop de la mort et du Jugement dernier. Il est vrai que la Faucheuse fait tout à Versailles pour le lui rappeler. Après le vieil ambassadeur de Gênes mort subitement, comme le maréchal d'Armentières, ce fut l'abbé de

La Ville, le « tombeur » de Choiseul venu remercier de la place de directeur des Affaires étrangères, frappé d'apoplexie sous ses yeux, comme l'avait été son vieil ami, le marquis de Chauvelin, un soir de novembre 1773. Le roi jouait au piquet avec Jeanne. Chauvelin était appuyé au dos de son fauteuil. Jeanne avait levé les yeux : « Monsieur de Chauvelin, quelle grimace vous faites !... » Le roi se retourna et ce fut pour voir Chauvelin tomber, mort.

Les prédicateurs du carême eux aussi « faisaient leur métier », comme le roi l'avait dit après le prêche de l'année précédente où le jeune abbé Beauvais, le protégé de Madame Louise, avait fustigé les mauvaises mœurs de la cour, sans craindre de s'en prendre à Louis XV et à sa favorite, par le truchement du roi Salomon [1] : « Ce monarque, rassasié de voluptés, las d'avoir épuisé pour ses sens flétris tous les genres de plaisirs qui entourent le trône, finit par en chercher d'une nouvelle espèce dans les vils restes de la licence publique. » Un sermon sur la mort avait succédé à celui sur les vices royaux, réduisant à néant la liste des centenaires qu'une gazette venait de publier en manière de flatterie pour faire croire au roi que son règne se prolongerait d'au moins quarante ans.

En ce carême 1774, le même prédicateur qu'on avait cru adoucir en le nommant évêque « fait son métier » avec une vigueur accrue. Le Jeudi saint, il foudroie l'assemblée d'une prophétie : « Encore quarante jours et Ninive sera détruite ! »

Cette fois, le roi n'a pas le cœur à plaisanter comme l'année précédente quand il disait au duc de Richelieu : « Eh bien, Richelieu, il me semble que le prédicateur a jeté bien des pierres dans votre jardin ! » et que celui-ci répondait : « Oui, Sire, et si fortement que quelques-unes ont rejailli jusque dans le parc de Versailles ! » Il reste sombre, pensif, mais, au grand soulagement de Jeanne, il ne s'en est pas moins tenu éloigné des sacrements.

Cependant, autour de la favorite, on s'inquiète de le voir chaque jour se rendre à Saint-Denis auprès de sa fille carmélite : si le roi s'approche de Dieu, Mme du Barry est perdue !

1. Je suis la tradition biographique mais Charles Vatel note que dans le recueil des quatre volumes des sermons et oraisons de l'abbé Beauvais on ne trouve pas trace de cette phrase. Il en déduit qu'il ne s'agit que d'une fable historique. On peut aussi bien penser qu'elle a été supprimée par respect pour le roi.

Maupeou a déjà senti le vent et les rapports du « cousin » et de la « cousine » se sont singulièrement altérés. Le chancelier s'est découvert dévot. Il se rend chaque semaine au couvent de Madame Louise. D'Aiguillon lui aussi, malgré sa sincère amitié pour Jeanne, cherche à sauver les meubles : il se rapproche du parlement et du dauphin. Des intrigues se trament qui le visent autant que la favorite. Le duc de Duras, gentilhomme de la chambre, pourtant déclaré du parti de la comtesse, a ses entrées à Chanteloup où le duc de Choiseul espère revenir bientôt aux affaires.

Un correspondant de l'ancien ambassadeur de la tsarine à Paris écrit à ce dernier : « Quelques amis me préviennent qu'il pourrait bien arriver une révolution qui surprendrait bien des gens : c'est le renvoi de Mme du Barry par ordonnance du médecin. Tout ceci vous paraîtra une plaisanterie, mon Prince, mais rien n'est plus vrai. Le médecin du roi a déclaré Mme du Barry trop jeune pour Sa Majesté très Chrétienne. En conséquence, elle ira prendre les eaux de Spa cet été et comme un poste aussi important que le sien ne saurait être vacant un instant, il sera occupé par une dame un peu plus âgée (pour se conformer à l'ordonnance de la Faculté, toujours) et cette dame est Mme Nieuwert, si célèbre sous le nom de Mme Pater. Celle-ci est une amie intime du duc de Choiseul, d'où l'on conclut qu'il (le duc d'Aiguillon) ne tardera pas à être renvoyé puisqu'il est de fait qu'il n'est soutenu ici que par Mme du Barry. »

Il est vrai que le roi depuis quelques temps déjà montrait des signes de vieillissement. A la chasse, il tombait fréquemment de cheval. Gros mangeur, il digérait moins bien, et Jeanne veillait avec tendresse et fermeté à modérer son appétit et à ce qu'il bût l'eau de Vichy qu'on lui prescrivait. Il n'y avait pas que les excès de table.

« Je vois que je ne suis plus jeune, qu'il me faut enrayer, avait-il avoué à son premier chirurgien.

– Sire, vous feriez mieux de dételer », répondit La Martinière qui avait son franc-parler.

Néanmoins le roi ne changeait rien à sa vie, et la très belle Mme Pater qu'on lui présenta le laissa indifférent. Mais fatigué de la cour, pressé par Jeanne moins inquiète puisque Pâques était passé sans qu'il se fût confessé, Louis décida de passer les derniers jours d'avril à Trianon, seul – ou presque – avec elle.

La Pompadour l'avait imaginé dès 1761 ce pavillon qui eût permis à Louis XV de séjourner au milieu de ses jardins, dans lesquels il se plaisait tant, mais ce chef-d'œuvre de Gabriel, achevé en 1770, ce fut Mme du Barry qui l'avait inauguré. Il était agréable de séjourner dans cette élégante et sobre demeure dont les dimensions favorisaient l'intimité, où tout n'était qu'harmonie, et particulièrement en cette saison où la petite salle à manger, « le cabinet sur le fleuriste », embaumait de toutes les roses du jardin des fleurs.

Le 27 avril, lendemain de son arrivée, le roi fut pris de migraine, d'éblouissements et de courbatures, mais il n'en suivit pas moins la chasse, pensant que le grand air le rétablirait. Toutefois il le fit en carrosse et non à cheval. Au retour, il se sentit nauséeux, refusa de souper et s'alita, se plaignant de douleurs abdominales. Jeanne crut à une de ces indigestions dont il était coutumier.

Elle le veilla toute la nuit en proie à une forte fièvre ; les douleurs semblaient augmenter. A l'aube, elle fit appeler Le Monnier, le médecin ordinaire. Il ne se prononça pas, eut une attitude rassurante, préconisa le repos sans oser insister pour un retour à Versailles, car Mme du Barry entendait bien, lui dit-elle, soigner son malade à Trianon avec l'aide du duc d'Aumont, le premier gentilhomme de la chambre qui lui était tout acquis. Jeanne redoutait les pressions de la famille royale et du confesseur qui ne manquerait pas d'entretenir chez le roi la terreur de l'Enfer, une terreur qui se réveillait au moindre accroc de santé.

A Versailles, on avait appris dans la matinée que le roi était souffrant, sans plus. Le dauphin, après concertation avec sa famille – irait-on, n'irait-on pas à Trianon ? –, y envoya La Martinière.

Le premier chirurgien s'y présenta vers trois heures, examina le malade, fronça le sourcil :

– Il convient de ramener le roi à Versailles.

– Sa Majesté peut fort bien être soignée au Trianon, rétorque Jeanne.

On ferraille au-dessus du lit. Le roi vacille entre sa maîtresse et son ami. Alors, La Martinière se penche et d'un ton péremptoire :

« Sire, c'est à Versailles qu'il faut être malade. »

Maté, le roi donne l'ordre de préparer son carrossc. On l'y hisse en robe de chambre enveloppé d'un manteau. Fouette, cocher !

Tout s'est si vite décidé qu'à Versailles son lit n'est pas prêt. Pour donner le temps de le préparer, Louis attend chez Madame Adélaïde et se couche tout de suite, épuisé, Jeanne à son chevet. Elle se retirera en fin de soirée.

La nuit fut mauvaise. Très mauvaise. Au matin du 29, Lemonnier et La Martinière décidèrent de pratiquer une saignée pour faire tomber la fièvre, tandis qu'on appelait en consultation tous les officiers de santé du roi. Louis, se souvenant des recommandations de Jeanne, exigea qu'on fît venir Bordeu, le médecin de la comtesse et Lorry, un célèbre praticien parisien, médecin du duc d'Aiguillon.

Les camps rivaux vont s'affronter au chevet de Louis XV, ceux qui entendent saisir l'occasion d'obtenir l'éloignement de la favorite et ceux qui s'efforceront de ne pas alarmer le roi sur son état pour justement éviter ce renvoi.

La fièvre est toujours aussi forte, le roi plus faible, les médecins perplexes. A midi, on parle d'une deuxième saignée, voire d'une troisième le soir, si nécessaire.

Une troisième saignée ? Les partisans de la favorite s'affolent : une troisième saignée signifiait une grave maladie et le malade devrait se préparer chrétiennement à la mort. Une troisième saignée et c'était l'entrée du confesseur dans la chambre ! Agitation dans le clan du Barry. Richelieu et d'Aiguillon font le siège de Bordeu et de Lorry. On transige : pas de troisième saignée, mais une seconde assez abondante pour en tenir lieu.

Louis XV s'inquiète. Il a le sentiment que les médecins lui cachent la vérité. Il la réclame :

« Vous me dites que je ne suis pas mal et que je serai bientôt guéri, vous n'en pensez pas un mot ; vous devez me le dire. »

Les médecins protestent à qui mieux mieux. Le roi reste sceptique. Il le sent bien, lui qui souffre de plus en plus, que c'est grave.

Quinze heures trente, seconde saignée. « Rien », aurait pu écrire le dauphin. Le roi était abattu. Vers les cinq heures néanmoins il faisait chercher ses enfants, mais sans la force ou le courage de dire un mot la demi-heure que dura la visite.

Le duc d'Aumont voulait aller chercher Mme du Barry. D'où une violente altercation dans l'antichambre entre le duc et les médecins qui s'y opposaient formellement. Le duc n'osa pas passer outre.

On s'agitait autour du lit de camp où, pour la commodité, on avait couché le roi. Faute de diagnostic, on parlait de « fièvre humorale ». Mais, le soir, à la lueur d'une bougie approchée pour que le malade pût mieux voir le verre d'eau qu'il avait réclamé, les médecins aperçurent sur son front des rougeurs et une irruption de petits boutons : la variole !

Ils l'annoncèrent presque gaiement à la famille royale : le roi, croyait-on, l'avait déjà eue dans sa jeunesse sous une forme bénigne ; cette récidive ne présentait donc aucune gravité.

Ce n'était pas l'avis de Bordeu qui était déjà allé prévenir Mme du Barry que « la petite vérole à soixante-quatre ans avec le corps du roi, c'était une terrible maladie ».

Fallait-il ou non dire la vérité à Louis XV ? Les avis étaient partagés. Richelieu et d'Aiguillon soutenaient que ce serait porter un coup fatal à ce vieillard affaibli. Par crainte sans doute d'être accusés d'avoir tué le roi, les autres opinèrent : on ne parlerait que « d'érésipèle boutonné ».

« Le roi est atteint de la petite vérole ! » La nouvelle met en branle le clergé ; l'abbé Maudoux, confesseur du roi, est secrètement averti de venir immédiatement à Versailles et « de s'y tenir, en poste fixe dans son appartement, sans dire à personne qu'il a été mandé ». Il guette le moment d'entrer en scène.

L'état du roi étant stationnaire, il n'en était pas encore question. Le dimanche 1er mai, l'archevêque de Paris vint à Versailles, mais Richelieu qui montait la garde dans l'antichambre l'arrêta et à force d'objurgations obtint qu'il ne fût question que d'une courte visite de politesse. Une émotion pouvait faire « rentrer le venin » et tuer le roi, martelait sans cesse le clan du Barry pour faire barrage aux tentatives ecclésiastiques.

Les choiseulistes, eux, comptaient sur le cardinal de la Roche-Aymon pour le faire céder. Mais le premier aumônier du roi ménageait la chèvre et le chou. Il avait trop en mémoire la disgrâce de l'évêque de Soissons qui s'était trop pressé pour écarter Mme de Châteauroux, la maîtresse du roi qu'en 1744, à Metz, on avait cru mourant mais qui avait bel et bien ressuscité ! Rien ne disait qu'il n'en serait pas ainsi cette fois encore. Aussi, le cardinal disait qu'il ne pouvait ouvertement proposer au roi les sacrements, mais qu'il veillerait à saisir la première occasion.

Malgré leurs scrupules religieux, Mesdames prenaient le risque de suivre la consigne donnée par les médecins : elles se taisaient. Héroïquement (elles n'étaient pas inoculées), elles ne quittaient pas de tout le jour la chambre à l'odeur fétide, relayées la nuit par Jeanne dont Louis exigeait la présence. Seuls le dauphin et la dauphine ne venaient pas voir leur grand-père. On craignait pour eux la contagion. Le roi ne les faisait pas appeler. Soupçonnait-il la gravité de son mal, peut-être même sa vraie nature ?

Le 3 mai, il demanda un miroir et examina longuement les boutons qui à présent le défiguraient. Autour de lui on retenait son souffle. « C'est la petite vérole ! Mais c'est là la petite vérole ! » répéta-t-il et il ajouta : « Pour ça, cela est étonnant ! » Ceci dit, il rendit calmement le miroir, sans plus parler.

Il n'avait pas oublié l'horreur des humiliantes « scènes de Metz ». A aucun prix il ne voulait les voir se renouveler. Cette fois le premier aumônier ne claironnerait pas dans l'antichambre : « Le roi ordonne à Mme du Barry de quitter Versailles sur-le-champ... », comme l'évêque de Soissons l'avait fait pour Mme de Châteauroux, condition préalable mise par le prélat à la confession royale. Jeanne n'aurait pas à fuir dans un carrosse, stores baissés, poursuivie par des cris de haine, des jets de pierres et de tomates pourries pour se réfugier dans quelque misérable demeure.

Le soir même, lorsqu'elle vint comme les autres nuits prendre place à son chevet, Louis lui dit :

– A présent que je suis au fait de mon état, il ne faut pas recommencer le scandale de Metz. Si j'avais su ce que je sais, vous ne seriez pas entrée. Je me dois à Dieu et à mon peuple. Ainsi, il faut que vous vous retiriez demain. Dites à M. d'Aiguillon de venir me parler demain à dix heures.

Jeanne savait que ce moment viendrait. Elle ne proteste pas. Elle ne gémit pas. Elle pleure. Des larmes silencieuses. Une dernière fois, réprimant un sanglot, elle caresse le visage purulent de son amant et sort de la chambre.

Elle court chez le duc d'Aiguillon. Celui-ci se précipite chez le roi, demande à lui parler. « Qu'il vienne à l'heure dite », s'entend-il répondre.

Le lendemain, mercredi 4 mai, d'Aiguillon, le cœur battant, se présente à l'heure prescrite. Le roi est calme mais fort las.

Quelques mots chuchotés pour recommander Jeanne ; que le duc veille bien à ce que ce départ inévitable soit décent, et aussitôt il le renvoie : on allait célébrer la messe dans sa chambre.

Mais le ciel attendrait encore. « Je vous parlerai ce soir », dit le roi au cardinal de la Roche-Aymon.

Ce même jour, à quatre heures, Jeanne prend place avec ses belles-sœurs dans le carrosse de la duchesse d'Aiguillon chez qui il a été convenu qu'elle se retirerait.

A six heures, le roi la réclame.

– Sire, elle est partie, dit Laborde, le valet de chambre.

– Où est-elle allée ?

– A Rueil, Sire.

– Ah, déjà !

Et le roi pleura.

Jusqu'au samedi 7 mai les nouvelles que le duc d'Aiguillon faisait porter à Rueil et la chaude affection de la duchesse entretenaient chez Jeanne l'espoir qu'un miracle lui rendrait son amant.

Dans la nuit du 7, versant critique du neuvième jour où la maladie basculerait vers le mieux ou le pire, le roi demanda son confesseur. A sept heures du matin, il communia en présence des princes du sang et de ses ministres. Il avait lui-même ordonné le cérémonial avec une présence d'esprit qui frappa d'étonnement et d'admiration tout son entourage. Puis il dit quelques mots à voix basse au cardinal de la Roche-Aymon auquel il avait fait signe d'approcher.

Le cardinal alors vint à la porte de la chambre et s'adressant à ceux qui se pressaient dans l'antichambre et l'escalier : « Messieurs, le roi m'ordonne de vous dire, ne pouvant parler lui-même, qu'il se repent de ses péchés et que s'il a scandalisé son peuple, il en est bien fâché, qu'il est dans la ferme résolution de rentrer dans les voies de sa jeunesse et d'employer tout ce qui lui reste de vie à défendre la religion. »

Qu'il vécût ou mourût, Louis avait sacrifié Jeanne sur l'autel du « Dieu jaloux ».

TROISIÈME PARTIE

LES CHEMINS DE L'EXIL

I

1774...

MARDI 10 mai 1774, trois heures et quart, le roi Louis XV est mort, vive le roi Louis XVI. La nouvelle s'est propagée, suscitant à Paris des mouvements divers. Au revirement de l'opinion populaire à l'annonce de l'amende honorable du roi, se mêlent haine et dérision :

La vérole par un bienfait
A mis Louis XV en terre.
En dix jours la petite a fait
Ce que pendant vingt ans la grosse n'a pu faire.

Quarante-huit heures plus tard, tandis que dans la nuit le char funèbre, sans aucune pompe, gagnait au grand trot Saint-Denis, un escadron de la maréchaussée entoura le château de Rueil. On apportait à la comtesse du Barry l'ordre de se retirer à l'abbaye de Pont-aux-Dames.

Cet ordre d'enfermer Jeanne au monastère des Cisterciennes, à deux lieues au sud de Meaux, avait été arraché à Louis XV lui-même par le cardinal de la Roche-Aymon, la veille de sa mort, en même temps que celui de conduire le comte du Barry au château de Vincennes. Mais le Roué avait déjà passé les frontières du royaume. Le peuple en faisait des gorges chaudes : « Les tonneliers sont aux abois, tous les barils fuient… »

Le carrosse qui quelques heures plus tard a emporté Jeanne

accompagnée d'une seule servante roulera toute la nuit, suivi de la voiture de l'exempt et de son acolyte chargés de rendre compte de l'exécution de la lettre de cachet.

Jeanne est en larmes. Jusqu'au dernier moment, entourée et réconfortée par la duchesse d'Aiguillon, elle s'était laissée bercer de l'illusion d'un simple mauvais rêve. Le pire n'était pas sûr, son amant allait se rétablir, il allait la rappeler, la vie reprendrait. L'annonce de la mort apportée par le duc d'Aiguillon avec mille précautions l'avait trouvée tout d'abord incrédule, sans voix, avant que n'éclate son désespoir. Elle s'était mise alors à crier, à hurler sa douleur, sa douleur de femme simple à laquelle on arrache le cœur, avant de laisser couler ses larmes, intarissables.

Au petit matin, l'équipage a franchi le portail de l'abbaye des Cisterciennes et ses vieux bâtiments délabrés enfouis dans les bois. A leur vue, Jeanne a murmuré : « Oh ! que c'est triste et c'est là qu'on m'envoie ! » Les yeux brouillés de larmes, elle distinguait à peine les visages voilés de noir qui l'accueillaient à sa descente du carrosse et posaient sur elle des regards curieux. C'était donc là la favorite du feu roi Louis XV, la créature du diable !

Les bâtiments conventuels s'étageaient autour d'une seconde cour, et, entre les deux, deux pavillons qui n'en formaient qu'un à l'étage, fermés par une seule porte de fer. Elle s'ouvrit pour laisser passer Jeanne, précédée de l'abbesse et encadrée par les moniales en robes blanches aux guimpes empesées. Elles semblaient glisser à travers des couloirs où seuls les pas de l'exilée résonnaient. Au bout de l'un d'eux, l'abbesse ouvrit une porte. Jeanne au comble de la détresse découvrit une cellule nue. Sa prison.

La mise au secret de la comtesse du Barry trouvait sa justification dans le fait qu'elle avait vécu dans l'intimité du roi et dans la familiarité des ministres. Elle détenait, sans l'avoir voulu, bon nombre de secrets d'Etat. Il en allait donc de la sécurité du nouveau gouvernement, et peut-être même de la sienne.

En une seule nuit Jeanne est tombée dans un abîme de silence et de solitude. Est-ce un cauchemar ? Va-t-elle se réveiller dans les lambris et les ors de sa chambre de Versailles, porter ses premiers regards sur la commode de bois blanc satiné et les tableaux de Watteau et de Van Loo, ou sur la pendule de Thomas Germain où l'Amour indiquait d'une flèche que c'était toujours l'heure d'aimer ?

Hélas ! elle ne voit que des murs nus et décrépis où un crucifix de bois sombre lui rappelle que le temps est venu de faire pénitence. Il n'y aura plus pour elle de ces matinées où se pressaient à sa toilette les joyeux jeunes gens de la haute noblesse pour l'étourdir des nouvelles du jour et de la nuit parisienne, rire avec elle de tout, raconter des histoires lestes, entendre le jeune Talleyrand soupirer « qu'il était plus facile d'avoir des femmes qu'une abbaye ». Il est vrai que, pendant la maladie du roi, ils l'avaient peu à peu tous abandonnée, sauf le prince de Ligne qui s'était fait encore plus présent. Quand le reverrait-elle ? Et le reverrait-elle ?

Jeanne a touché le fond, mais ne s'est pas noyée. Sa belle vitalité l'a sauvée. Versailles n'était plus. Elle a oublié Versailles. Elle renoue avec un très lointain passé qui lui fait supporter le présent. Les longues années, presque la moitié de sa vie, vécues à Sainte-Aure lui permettent de se plier sans effort au rythme monastique. Elle y trouve une paix bienfaisante, même un certain plaisir. Les religieuses qui croyaient avoir à ramener dans le droit chemin une créature démoniaque, se sont émues de compassion pour l'ange blond qui unissait si aisément sa voix à leurs chants et à leurs prières. La simplicité de Jeanne, sa gaieté de bon aloi, et sa générosité les ont conquises. Des amitiés se sont nouées. La plus précieuse, c'est celle de l'abbesse. L'austère Gabrielle de la Roche-Fontenille n'a pas tardé à adoucir le sort de sa prisonnière.

Marie-Antoinette avait écrit avec jubilation à sa mère : « La créature est mise au couvent et tout ce qui porte ce nom de scandale est chassé de la cour. » La Vrillière, ministre de la Maison du Roi, avait fait parvenir à la nièce de Jeanne, la vicomtesse du Barry, la lettre suivante :

« J'espère, madame, que vous ne douterez pas de toute la peine que je ressens d'être obligé de vous annoncer une défense de paraître à la cour et que vous n'y veniez pas jusqu'à nouvel ordre de sa part. Sa Majesté en même temps veut bien vous permettre d'aller voir madame votre tante à l'abbaye du Pont-aux-Dames, et je vais écrire en conséquence à madame l'abbesse afin que vous n'éprouviez nulle difficulté. Vous voudrez bien m'accuser réception de cette lettre par celui qui vous la remettra, afin que je puisse justifier à Sa Majesté l'exécution de ses ordres.

« J'ai l'honneur d'être... »

La marquise du Barry avait reçu une lettre identique. Le mur du silence était ainsi brisé. Jeanne qui, les premières semaines de sa réclusion, n'avait pu communiquer avec l'extérieur pouvait enfin revoir sa famille. Mais la marquise du Barry ne profita pas de la permission du roi. Elle et son mari n'eurent rien de plus pressé que de demander à changer de nom, ce qui leur fut accordé par lettre patente.

Le mois d'août fut à Versailles celui du grand déménagement : Marie-Antoinette n'avait pas pardonné au duc d'Aiguillon la disgrâce du duc de Choiseul, ni son amitié pour la du Barry. Elle obtint son remplacement par le comte de Vergennes, faute de pouvoir imposer le retour de Choiseul ; Maupeou, pour les mêmes raisons, le fut par Maurepas [1]. Louis XVI avait rappelé les parlements, ce qui rendit le vieux chancelier Maupeou amer : « J'avais fait gagner au roi un procès qui durait depuis trois siècles. Il veut le perdre encore, il est bien le maître. »

Jeanne pensa qu'à la faveur de ces changements elle pourrait retrouver la liberté. Le prince de Ligne était déjà pour elle monté à l'assaut : « Le jeune roi, écrit-il dans ses *Mémoires*, apprit que j'avais donné une lettre de madame du Barry à la reine pour l'engager à arranger ses affaires que son étourderie et son désintéressement avaient laissées très mauvaises à la mort du roi ; et il me dit : "Voilà une belle ambassade dont vous vous êtes chargé." Je lui répondis que c'était parce que certainement personne autre que moi ne l'aurait osé. »

Jeanne avait espéré désarmer ses ennemis en invoquant et sa mauvaise santé et ses difficultés à régler ses affaires. Il lui fallait, dit-elle, vendre ses bijoux pour désintéresser ses plus gros créanciers. Le duc de La Vrillière, chargé de la réponse qu'elle attendait, lui écrivit le 6 août :

« Je viens, madame, ainsi que vous le désirez, d'adresser au sieur Aubert, joaillier de la couronne, une lettre pour madame l'abbesse du Pont-aux-Dames par laquelle je lui marque de le laisser entrer dans la communauté toutes les fois que vous le jugerez nécessaire pour vos affaires et qu'il s'y présentera.

1. Le comte de Maurepas avait été disgracié par Louis XV en raison de son attitude injurieuse envers la marquise de Pompadour.

« J'apprends avec peine que votre santé n'est pas bonne. Je vous prie d'être bien persuadée du véritable intérêt que j'y prends, et il sera comme dans tous les temps. J'espère que cette indisposition n'aura pas de suite et je le désire sincèrement... »

Voir son notaire et son joaillier, tant qu'elle voudra, mais qu'elle perde tout espoir de sortir du couvent, voilà ce que signifiait entre les lignes La Vrillière qui se disait son ami mais qui ne voulait pas se compromettre pour l'exilée.

Quelques mois plus tard, l'abbesse de Pont-aux-Dames elle-même s'adressera au roi en faveur de sa pensionnaire, sans plus de succès que le chancelier Maurepas qui intervint lui aussi personnellement, pensant que le châtiment avait assez duré, mais qui essuya du souverain un refus des plus secs.

Jeanne devait se résigner à son sort. Après le premier choc, comme toujours, son optimisme prit le dessus. La vente de ses bijoux non seulement avait calmé ses créanciers les plus pressés, mais lui permettait d'exercer sa générosité envers les religieuses en les comblant de petits cadeaux. Certains biographes avanceront qu'elle avait aménagé dans le parc l'allée qui porte aujourd'hui son nom et restauré à grands frais une fontaine, et même fait construire un bâtiment pour s'y loger plus commodément, recevoir ses amis et même loger sa famille avec une nombreuse domesticité. Cela semble peu vraisemblable. Pont-aux-Dames était pour les femmes ce que la Bastille était pour les hommes. On doute que l'abbesse, qui ne passait pas pour laxiste, eût pour Mme du Barry bouleversé le sévère règlement, même si elle finit par autoriser quelques promenades dans la campagne environnante. Rien ne se faisait sans la permission du roi, et Louis XVI pas plus que Marie-Antoinette, qui persistait dans sa haine pour l'ex-favorite, n'auraient toléré qu'elle transformât sa réclusion en vie de château ! Et l'épisode du prince de Ligne sautant audacieusement le mur du couvent pour la rejoindre fait partie des fables répandues sur la comtesse du Barry pour entretenir la légende de sa vie débauchée.

D'Aiguillon, quoique disgracié en raison de son attachement persistant à la du Barry, n'avait cessé de faire valoir auprès de Louis XVI l'obéissance qu'il devait aux ordres du feu roi de veiller sur la comtesse du Barry ; ses efforts et ceux du prince de Ligne furent enfin couronnés de succès. Au printemps 1775, Louis XVI mit fin à la détention de Jeanne à la condition qu'elle résiderait à dix lieues au moins de Paris et de Versailles. Qu'importe ! Jeanne se satisfait de cette semi-liberté. Elle décide de se retirer à Saint-Vrain, près d'Arpajon, et emprunte au duc les fonds nécessaires à l'acquisition du château, une résidence de style Louis XIII, flanquée d'une tourelle à chaque angle, entourée de fossés avec pont-levis, au milieu d'un parc magnifique, dessiné à l'anglaise et traversé de ruisseaux se jetant dans une vaste pièce d'eau. Pourquoi ce choix de Saint-Vrain ? Peut-être se souvenait-elle de ce domaine qui avait appartenu au chevalier de la Garde, un de ses premiers amants.

Dès son installation, le 24 juin 1775, dans cette demeure luxueusement meublée et sa maison remontée, car son ancienne domesticité a couru à son appel, Jeanne a envoyé à la noblesse des environs une invitation à dîner à la table de vingt-cinq couverts qu'elle tiendra chaque jour.

Son parc, elle l'a ouvert aux villageois. Elle les fait même danser le dimanche. Pour eux, elle est « la bonne dame de Saint-Vrain », dont ils bénissent le nom parce qu'elle fait distribuer du pain et de la viande aux nécessiteux, fournit la layette de leurs nouveau-nés, fait soigner leurs malades. Ses gens l'idolâtrent. Elle participe sans façon à leurs fêtes familiales, assiste aux mariages, se propose comme marraine et s'il s'agit de jumeaux, le parrain sera le vicomte de Langle, son commensal. Il s'est présenté un jour au château en se recommandant d'une connaissance commune et, à la prière de Jeanne, il y est resté. Ami, amant ? Cet ancien officier a soixante ans, il est laid mais spirituel. Il se montre de bonne compagnie et surtout précieux conseiller pour aider Jeanne à débrouiller ses affaires. Elle en est toujours aussi incapable. Elle ne sait que dépenser, follement, quitte à s'effrayer quand on aligne sous ses yeux ces chiffres insensés.

En septembre, elle vend au comte de Provence son hôtel de l'avenue de Paris à Versailles et achète un beau domaine dans son voisinage, pour sa mère à laquelle elle reste et restera toujours très attachée. Est-elle enfin au port, entourée de sa famille et d'amis ?

« L'habitation à la campagne est le premier plaisir triste », déclarait Voltaire. Jeanne en fait à Saint-Vrain l'expérience malheureuse. L'automne pluvieux, les brouillards et les exhalaisons malsaines des marécages environnants rendent sinistre cette campagne si plaisante en été. Elle la prend en horreur. Ses relations sont devenues frileuses. Le château sue l'ennui. Jeanne tue le temps et le temps la tue.

Pour comble, un dimanche qu'elle se trouvait seule, trois vagabonds ont pénétré dans sa chambre et, sous la menace d'un pistolet, ont exigé argent et bijoux. Ils n'étaient qu'ivres et mal assurés ; Jeanne était parvenue à les intimider. Mais cet incident avait achevé de la dégoûter de Saint-Vrain. Ah ! si seulement elle pouvait revenir à Louveciennes ! Ce Louveciennes, aménagé en château d'habitation par l'architecte Gabriel, où elle n'avait pourtant jamais résidé que le temps d'y souper avec le roi dans l'exquis pavillon du jardin qu'elle avait fait construire plus tard par Ledoux. Quelle fête que son inauguration en 1772 ! Quelles réceptions éclatantes elle y avait données par la suite !

Louveciennes devient son obsession. Elle avait obtenu d'y faire un bref passage pour y signer l'acte de vente de son hôtel de Versailles. Larmes aux yeux, elle avait revu son pavillon, la petite salle à manger aux murs de marbre blanc coupé du bronze doré des pilastres corinthiens et des bas-reliefs encadrés d'or et sculptés de ses armes, un chevron, une main et deux roses mariées à l'écu des du Barry. Mais il avait fallu retourner à Saint-Vrain, s'arracher des fenêtres du grand salon carré d'où on embrassait Saint-Germain, Le Vésinet, Saint-Denis et, tout là-bas, Paris !

Le château semblait à présent endormi avec tous ses trésors et ceux ramenés de Versailles, entassés pêle-mêle dans les chambres et les galeries, attendant le réveil de la Belle, mais ce roi impitoyable la laisserait-elle jamais se réveiller ?

Au lendemain de la mort de Louis XV, Marie-Thérèse avait écrit à sa fille : « J'espère qu'il n'y aura plus question de la malheureuse Barry, pour laquelle je n'ai jamais été portée qu'autant que votre respect pour votre père et souverain l'exigeait. J'espère de n'entendre plus son nom qu'en apprenant que le roi l'a traitée avec générosité, en la confinant avec son mari loin de la Cour, lui adoucissant, autant que cela convient et que l'humanité l'exige, son sort. »

Louis XVI, foncièrement bon mais bridé par sa femme, mit du temps à entendre cet appel. Peut-être est-ce l'opinion publique qui commençait à griffer méchamment l'image de Marie-Antoinette qui le poussa à y répondre. Il devait convenir dans son for intérieur que la favorite de son grand-père ne méritait pas plus que la reine les calomnies répandues, sur l'une comme sur l'autre, par des libellistes déchaînés. Publiés à Londres, des ouvrages graveleux salissant Mme du Barry couraient Paris. Sur son ordre, le lieutenant de police s'en saisit. Et lorsque, en octobre 1776, Maurepas, au reçu d'une lettre désespérée de Jeanne, lui représenta que, depuis plus de deux ans, Mme du Barry avait fait preuve de la plus grande discrétion sans jamais contrevenir à la volonté royale, Louis XVI reconnut avec honnêteté qu'il n'y avait aucune raison valable de la maintenir plus longtemps en suspicion. Plus, comme s'il regrettait de s'être montré si dur envers elle, il lui restitua les rentes sur l'Hôtel de Ville et le revenu des Loges de Nantes que lui avait concédés Louis XV tout en lui conservant l'usufruit de Louveciennes et de tous les trésors artistiques qui s'y trouvaient. Ajoutées à ses fabuleux bijoux et à ses autres biens personnels, ces libéralités pouvaient rassurer Jeanne sur son avenir, même si elle demeurait exilée de la cour, ce qui ne semblait pas la chagriner. Les remords du roi Louis XVI faisaient de la favorite de son grand-père, pour laquelle, en vérité, il n'avait eu d'autre animosité qu'inspirée et entretenue par son épouse, une femme libre et fortunée.

II

1776…

Un nouveau chapitre s'ouvre dans la vie de Jeanne : on pourrait l'intituler « Bonheur et mélancolie ».

Bonheur, car elle est reine de son royaume de Louveciennes sans avoir à lutter pour y conserver la préséance, ni à se cuirasser contre les haines et les jalousies. Bonheur d'une vie simple mais dorée, embellie par l'amitié et distraite par des visites inattendues, telle celle de l'empereur Joseph II, au printemps 1777, qui, dans le parc, lui offrira son bras car, lui dira-t-il galamment, « la beauté est reine ». Bonheur d'une vie champêtre au contact de villageois qui, comme ceux de Saint-Vrain, louent sa bonté. On admire qu'elle ne se contente pas de dons d'argent, mais qu'elle paye de sa personne avec le naturel et la gentillesse qui la caractérisent.

« Quoique retirée et vivant sans tapage, elle tenait un grand état avec peu de monde », écrit le duc de Croÿ qui ajoute, en aristocrate impénitent, mêlant à son admiration pour la belle comtesse du Barry ses préventions envers la femme de basse extraction : « Je la trouvai encore bien et affectant un meilleur ton qu'on ne devait s'y attendre. Elle s'était si bien habituée à la dépense que cela lui paraissait tout simple. Je causai longtemps avec elle, sur le balcon, du feu roi. [...] Elle parla fort bien, et l'on ne se serait pas douté de ce qu'elle avait été d'abord. »

Mélancolie. Tout autour d'elle lui parle de *son* roi. Quand sept ans plus tard le comte de Belleval lui rendra visite, il notera dans ses

Mémoires : « Mme du Barry vivait à peu près dans la retraite. [...] Elle était aux approches de quarante ans et elle était aussi belle qu'en 1769. Sa beauté avait même quelque chose de plus remarquable et de plus complet. [...] Des larmes dans ses yeux, elle revenait sans cesse sur le passé dans lequel je vis bien qu'elle se réfugiait le plus possible, car il valait mieux pour elle que le présent. »

Madame Vigée-Lebrun, bien des années plus tard, rapportera elle aussi les soupirs de Jeanne évoquant son intimité avec Louis XV dans la petite salle à manger du pavillon.

Ce n'était, en vérité que des bouffées de mélancolie. Jeanne aimait trop la vie pour se contenter de ressasser le passé. Si sincère et durable que fût son attachement au feu roi, il n'occultait pas le présent. Et est-ce vivre que vivre sans amour ? demande le poète. Le présent, pour Jeanne, a l'aspect d'un géant blond aux yeux bleus, Louis-Hercule-Timoléon de Cossé-Brissac, gouverneur de Paris, grand panetier de France, capitaine colonel des Cent-Suisses de la Garde du roi.

Il avait patiemment attendu son heure depuis l'éblouissante présentation de la comtesse du Barry à Versailles. Il n'était alors que duc de Cossé [1], récemment nommé capitaine des Cent-Suisses de la Garde, chargé de veiller sur la personne du roi, et pour cela logé au troisième étage des Petits Appartements, dans le premier logement dévolu à Jeanne avant qu'elle n'occupe, au second étage, celui au-dessus de la chambre à coucher du roi. Ils étaient donc voisins dans ce palais, ville dans la ville, et les occasions de rencontres étaient quasi quotidiennes.

Louis-Hercule était un homme à femmes, l'infidèle époux de la duchesse Diane, qui, alors dame d'atour de Marie-Antoinette, avait mis à son comble les humiliations dont l'entourage de la dauphine abreuvait « la méprisable comtesse du Barry ». On peut penser que la duchesse de Cossé, par ailleurs une femme délicieuse, avait des raisons personnelles de marquer son hostilité à la favorite, car quoique discrets, les sentiments de son époux pour Mme du Barry ne lui avaient pas échappé. Mais en ce temps-là, le duc ne pouvait que refuser de s'associer au dégoût de la cour,

1. Il deviendra duc de Brissac en 1780, à la mort du maréchal de Brissac, son père.

manifester ouvertement sa fidélité au roi et soupirer en silence pour la maîtresse royale.

Durant la maladie de Louis XV, alors que les courtisans, prévoyant le pire, cessaient peu à peu d'entourer la favorite, il avait redoublé pour elle d'attentions et durant son séjour à Rueil, il lui apportait lui-même des nouvelles du malade. S'il ne put lui rendre visite à Pont-aux-Dames en raison de la rigueur des ordres donnés, il fut, avec le duc d'Aiguillon, parmi les premiers à se présenter à Saint-Vrain, ce dont Marie-Antoinette leur tint rigueur à tous deux. Toutefois, la présence au château du vicomte de Langle l'avait dissuadé de s'y imposer. A Louveciennes, il arriva le premier... et s'y installa.

La liaison de Jeanne et de Louis-Hercule ne fut pas, au départ, exempte d'orages. Le duc de Brissac était terriblement jaloux. Il avait conquis la place, il entendait s'y maintenir sans partage. Jeanne ne consentait pas à brider sa liberté retrouvée en refusant les hommages que suscitait encore et toujours sa beauté. Ces compliments et ces regards qui prouvent à une femme qu'elle est, malgré les ans, désirable et désirée. Brissac s'en irritait. Il boudait, disparaissait, et revenait à Louveciennes, car il ne pouvait vivre longtemps loin de son idole.

Mais un jour il y eut plus grave. Jeanne tomba amoureuse, et, à trente-sept ans, pour la première fois de sa vie, avec violence. Une folle passion partagée.

Le comte Henri Seymour, de la grande et glorieuse famille des Somerset, était son voisin de campagne. Veuf d'une Anglaise, il vivait en France depuis son remariage, en 1775, avec l'héritière d'une famille normande, et avait acquis pour complaire à cette seconde épouse le château de Prunay, proche de celui de Louveciennes.

Des relations de voisinage s'établirent tout naturellement. On échangea visites et réceptions. On s'intéressa et compatit aux soucis de l'heure : « Je suis bien touchée, Monsieur, de la cause qui me prive de vous voir chez moi et je plains bien sincèrement votre fille [1] du mal qu'elle souffre. Je juge que votre cœur est tout aussi

1. Pauline ou Georgina, une des filles du premier mariage de Seymour. De son second mariage, il avait un fils encore au berceau.

malade qu'elle-même et je partage votre sensibilité... », écrit Jeanne. Elle a fait précéder ce billet par l'envoi d'un petit chien pour distraire la malade ; ce dont on l'a remerciée. Suivent de petits cadeaux plus personnels, gages d'amitié, mais Jeanne prend soin d'y associer sa belle-sœur, l'inévitable *Chon*, qui partage sa vie et gouverne la maison.

Très vite, les billets prennent d'autres couleurs que celles de l'amitié :

« L'assurance de votre tendresse, mon tendre ami, fait le bonheur de ma vie. Croyez que mon cœur trouve ces deux jours bien longs et que s'il était en mon pouvoir de les abréger, il n'aurait plus de peine. Je vous attends samedi avec toute l'impatience d'une âme entièrement à vous et j'espère que vous ne désirerez rien. Adieu, je suis à vous.

Ce jeudi à deux heures. »

Comme Brissac, Seymour est élégant, spirituel et charmant. S'il a dix ans de plus, l'âge n'est pas pour Jeanne un obstacle, mais, semble-t-il, un atout : les hommes de sa vie ont toujours été des protecteurs. Sur ce point Brissac représentait l'idéal. Mais qu'avait donc Seymour pour prétendre supplanter le duc ? L'amour de Brissac était sans surprise, conjugal en quelque sorte ; Seymour, c'était l'excitation de la nouveauté, le vertige de l'inconnu.

Elle aurait pu en rester là après ce fameux samedi, où, profitant de l'absence de Brissac qui se partageait entre Paris, Versailles et Louveciennes, Seymour n'eut plus rien à désirer. Il n'en a rien été.

« Mon cœur est à vous sans partage, écrit-elle à son nouvel amant, et si j'ai manqué à ma promesse, mes doigts sont seuls coupables. J'ai été très incommodée depuis que vous m'avez quittée et je vous assure que je n'avais de force que pour penser à vous... Adieu, mon tendre ami. Je vous aime, je vous le répète et je crois être heureuse. Je vous embrasse mille fois et je suis à vous. Venez de bonne heure. »

« Je crois être heureuse », quel aveu et comme il traduit l'état de désarroi dans lequel l'infidèle est plongée ! Ce qu'elle éprouve la dépasse : elle aime Seymour, à en être malade. Mais il y a Brissac ! Elle aime Brissac. Peut-être avec moins de trouble et de violence, mais elle l'aime. Seymour le sait. Il en souffre. Il le dit.

Après l'euphorie, c'est le temps des reproches. Il la veut, Jeanne, et tout à lui. Elle lui écrit :

« Vous n'aurez qu'un mot de moi et qui serait de reproche si mon cœur pouvait vous en faire. Je suis si fatiguée des quatre grandes lettres que je viens d'écrire que je n'ai la force que de vous dire que je vous aime… Demain je vous dirai ce qui m'a empêchée de vous donner de mes nouvelles, mais croyez, quoique vous en disiez, que vous serez le seul ami de mon cœur.

Ce vendredi deux heures. »

La prudence impose d'entourer leur aventure de plus de discrétion. Jeanne a saisi l'occasion de se rendre à l'hôtel de Brissac, pour convenir avec Seymour d'un rendez-vous à Paris. Un rendez-vous manqué :

« Je n'irai point à Paris aujourd'hui, car la personne que je devais aller voir est venue mardi comme vous veniez de partir. Sa visite m'a fort embarrassée, car je crois que vous en étiez l'objet. Adieu, je vous attends avec toute l'impatience d'un cœur tout à vous et qui malgré vos injustices, sent bien qu'il ne peut être à d'autres. Je pense à vous, je vous le dis et je vous le répète, et n'ai d'autre regret que d'être privée de vous le dire à chaque instant.

De Louveciennes à midi. »

Seymour a très mal pris la chose. Brissac qui n'est pas aveugle ne supporte pas plus que lui les amours partagées.

Jeanne se débat entre les deux. Doit-elle renoncer à sa passion pour le comte ? Doit-elle sacrifier le duc et la sécurité d'une affection de toujours ?

De part et d'autre on exige une réponse claire.

Ah ! si seulement Seymour pouvait s'engager à ne jamais l'abandonner ! Mais il se refuse à toute promesse. Comment croire qu'il ne se lassera jamais d'elle ? Jeanne a besoin qu'il le lui assure, même si ce ne sont que des mots.

Une fois de plus, une fois encore, une fois de trop, il ne les a pas dit ces mots qu'elle attendait. Jeanne alors se décide à rompre :

« Il est inutile de vous parler de ma tendresse et de ma sensibilité, vous les connaissez. Mais ce que vous ne connaissez pas, ce sont mes peines… Vous n'avez pas daigné me rassurer sur ce qui affecte mon âme ; ainsi je crois que ma tranquillité et mon bonheur vous touchent peu. C'est avec regret que je vous parle, mais c'est pour la dernière fois. Ma tête est bien ; mon cœur souffre. Mais avec beaucoup d'attention et de courage, je parviendrai à le dompter. L'ouvrage est pénible et douloureux, mais il est nécessaire. C'est le dernier sacrifice qu'il me reste à faire. Mon cœur, lui, a fait tous les autres. C'est à ma raison à lui faire celui-ci. Adieu, croyez que vous seul occuperez mon cœur.

Ce mercredi, à minuit. »

III

1783...

JEANNE a quarante ans. Elle est toujours une très jolie femme, très bien faite en dépit d'un léger embonpoint. Elle a gardé un allant juvénile. Eté comme hiver, vêtue d'une robe-peignoir de percale ou de mousseline blanche, elle se livre à de longues promenades quotidiennes. Si parfois elle y croise Seymour qu'elle n'a plus jamais revu, ils se saluent poliment comme des inconnus. Brissac a pardonné. Ils semblent tous deux naviguer de conserve « sur un long fleuve tranquille ».

Les *Nouvelles à la main* donnent en 1783 la comtesse du Barry comme maîtresse avérée de Monsieur le duc de Brissac, installé à demeure à Louveciennes.

Qu'en pense Madame de Brissac ? Il y a longtemps qu'elle ne pense plus qu'à sa santé fragile et qu'elle se soigne en allant de médecin en médecin comme d'autres vont d'amant en amant. Elle a même consulté Mesmer, le célèbre magnétiseur, espérant qu'il parviendrait à la guérir de ce froid qui lui glace les os et que rien ne peut réchauffer, pas même les lainages qu'elle entasse en toutes saisons. Le fluide de Mesmer n'a pas eu plus d'effet que les lainages. Elle a alors tâté des eaux, celles d'Aix, parce qu'on l'a déclarée rhumatisante ; celles de Contrexéville, puisque d'autres accusent ses reins. On la verra aussi à Spa, toujours accompagnée de sa fidèle amie, la duchesse de Brancas. Diane a d'autres soucis que les infidélités de son époux, et son hostilité envers la comtesse du Barry a fondu comme neige depuis qu'elle s'est retirée de la cour, prétextant la santé précaire de son fils, un enfant de quatre ans. En fait, elle fuyait le climat délétère de Versailles, ses intrigues, ses contraintes, en même temps qu'elle échappait aussi, en tant qu'épouse du gouverneur de Paris, au devoir de participer aux fastueuses réceptions qui se donnaient à l'hôtel de Brissac et qui l'excédaient.

La cour elle-même ne trouve rien à redire à cette liaison, décente s'il en est. Mme Vigée-Lebrun, qui séjournera en 1786 à Louveciennes pour peindre le toujours angélique visage encadré de la même soie blonde, l'attestera : « Le duc de Brissac vivait comme établi à Louveciennes, mais rien dans ses manières et celles de madame du Barry ne pouvait laisser soupçonner qu'il fût plus que l'ami de la maîtresse du château. Toutefois il était aisé de voir qu'un tendre attachement unissait ces deux personnes… »

Jeanne n'est pas confinée à Louveciennes, loin du monde, dans une retraite semi-rustique. Brissac l'emmène visiter les terres qu'il possède en Normandie, en Anjou, en Ile-de-France. On la voit souvent à Paris, rue de Grenelle, à l'hôtel de Brissac. Elle y a son appartement à côté de celui du duc qui, grand amateur d'art, a fait de sa demeure parisienne un véritable musée[1] ; les glaces des boiseries y multiplient à l'envi sa blonde et lumineuse présence au milieu des bronzes, des statues de marbre et d'onyx, des porcelaines rares, des meubles précieux et de mille autres chefs-d'œuvre.

Elle est l'hôtesse des soupers intimes du duc, l'étoile des réceptions qu'il offre aux voyageurs de marque comme celle en l'honneur du roi de Suède, qui dépassa en faste celle donnée à Versailles au même souverain. Cependant, Jeanne n'est pas pour le duc un objet d'art de plus à exhiber à l'admiration de ses amis ou de ses visiteurs étrangers ; il trouve en sa compagnie un écho à ses préoccupations de l'heure. On peut être belle, frivole, sans pour cela manquer d'intelligence. Jeanne écoute et fait son profit des idées que le duc échange avec ses amis. On la dépeindra, très cruellement, « ânonnant les idées des philosophes, des physiocrates, des

1. Saisis à la Révolution, tableaux et œuvres d'art de l'hôtel furent envoyés au « Muséum central », aujourd'hui musée du Louvre.

économistes et des agronomes que Brissac lui a fourrés dans la tête et dans la bibliothèque[1] ». A cette aune, tout ce siècle « ânonnait » ces idées-là !

Le duc de Brissac est un noble libéral. La bibliothèque de l'hôtel de la rue de Grenelle est en effet riche d'ouvrages embrassant toutes les connaissances humaines. L'Histoire, la Géographie, la Science, la Littérature de Marot à Rousseau et tous les penseurs et polémistes du siècle y figurent, avec, en bonne place, l'*Encyclopédie* et le *Contrat social.*

Homme du présent, préoccupé de l'avenir, ce n'est pas sur le seul terrain spéculatif que le duc de Brissac se montre épris de progrès, de liberté et de justice. Ses idées trouvent un champ d'action dans son duché. C'est ainsi qu'il a entrepris de faire assécher le vaste étang « pondoir à moustiques, marécage à débordement » qui, aux portes de Brissac, empoisonne la contrée environnante. Lutter contre ce « fléau devant qui l'on s'est depuis trop longtemps résigné[2] » est un travail d'Hercule, mais le second prénom du duc de Brissac n'est-il pas Hercule ! Trois années de durs travaux qu'il a suivis attentivement, pesant de toute son autorité et de tout son ascendant pour encourager les uns, vaincre les réticences des autres, les convaincre de son souci de ne léser personne, de respecter les droits acquis ; trois années de lutte acharnée au nom du progrès, de la salubrité publique et de la justice, et l'endroit maudit était devenu promesse de champs, de prés, de vignes et de vergers.

Qu'importe que Jeanne ne fût pas une lumière, qu'elle eût été incapable, comme Mme de Staël, d'expliquer au baron Surgère, entre deux contredanses, ce qu'était le royaume d'Occident, ou de débattre, comme Mme de Simiane, s'il convenait ou non de mettre des droits sur le tabac de Virginie ; en revanche, elle était capable de s'intéresser aux efforts de son amant pour soulager la misère paysanne, comme elle s'y efforçait, elle-même, à son échelle, sur son terrain.

Elle écoutait peut-être d'une oreille distraite les propos de Necker, familier du duc de Brissac et que l'on voyait beaucoup à

---

1. Muller, *Une traînée de poudre.*
2. Duc de Brissac, *Les Brissac, Maison de Cossé.*

Louveciennes surtout depuis sa disgrâce alors qu'il élaborait son savant *Traité de l'administration des Finances.* Mais pourquoi se serait-elle préoccupée du gouffre des finances publiques, quand, au nom de leur vieille amitié, Calonne [1], le successeur de Necker, lui avait ôté tout souci en transformant en un confortable capital la pension usufruitière que lui avait accordée le feu roi et que Louis XVI avait maintenue !

Jeanne vivait loin de la cour, mais n'en ignorait rien des intrigues. Tous ceux qui avaient jadis trouvé quelque agrément dans sa société et que la fin de son exil avait ramenés à Louveciennes, lui servaient de gazette. Se rendaient aussi à Louveciennes ceux qui sans la détester l'avaient boudée, comme le duc de Croÿ et même – quel triomphe ! – certains de ses ennemis d'autrefois qui déclarent à présent « qu'ils étaient contents de son bon ton, de ses manières et de sa conduite ». On parlait de ce qui s'était passé sous Louis XV, et on lui assurait, comme la princesse de Beauvau le fit, qu'on n'en avait pas voulu à sa personne mais seulement à sa place ! On lui racontait un Versailles devenu silencieux, où des courtisans désœuvrés et désemparés tournaient en rond dans l'Œil-de-Bœuf [2], et qui, glacés par la froideur de la reine, s'étaient mis peu à peu à déserter le palais, même lors des grandes réceptions.

Versailles n'était plus Versailles. Marie-Antoinette dès son avènement avait fait le ménage, envoyé au diable « Madame l'Etiquette », les rabat-joie et tous les empêcheurs de danser en rond. A ses appartements du palais, elle avait vite préféré le petit Trianon, le jouet dont Louis XVI avait comblé son caprice – peut-être pour y effacer le souvenir détesté de « la Barry » – et qu'elle ne cessait d'embellir jusqu'à y engloutir une fortune ; Trianon qui était devenu plus qu'un refuge pour fuir quelques heures l'ennui que lui causaient les ennuyeux courtisans, mais une frivole demeure où, sans considération de titre, de rang ou de services, elle n'admettait que des amuseurs, tous jeunes, beaux et gais lurons. Qu'est mon Trianon devenu, aurait pu soupirer la comtesse du Barry !

1. Magistrat, maître des requêtes chargé des questions délicates, notamment du procès de La Chalotais ; Calonne était un ami de d'Aiguillon.

2. L'antichambre du roi.

Impopulaire à la cour parmi la haute noblesse, jusque dans le clan Choiseul où, criant à la trahison, on lui reprochait de n'avoir pas imposé le duc comme Premier ministre, la reine, en dépit des deux fils qu'elle avait donnés à la couronne, ne l'était pas moins du peuple de Paris. On blâmait ses folles dépenses, sa dissipation, ses amants supposés et ses amitiés suspectes pour la princesse de Lamballe et Mme de Polignac. Les ragots allaient bon train, la calomnie courait les rue.

Jeanne pourrait se réjouir : chacune son tour ! Bien au contraire elle s'afflige, étrangement attachée à cette reine qui l'a tant humiliée, comme si ce que subit à présent Marie-Antoinette, effaçant les mauvais souvenirs, les faisait sœurs dans l'outrage.

Elles l'étaient effectivement dans le pamphlet qui s'ouvrait sur un long parallèle entre l'ex-favorite et la reine, leur prêtant le même goût du pouvoir et le même attrait pour la débauche. Néanmoins, Jeanne y était mieux traitée que Marie-Antoinette : « L'une a presque honoré un état qui ne peut pas l'être, et l'autre en a prostitué un qu'on ne croyait pas même pouvoir être avili. »

Versailles attirait Jeanne comme un aimant. Une nuit de l'été 1778 où Marie-Antoinette, enceinte et souffrant de la chaleur torride des journées, avait pris l'habitude de s'asseoir sur la terrasse éclairée par les seules lumières des appartements du comte de Provence pour y goûter la fraîcheur du soir, agrémentée des sérénades exécutées par les musiciens de la chapelle royale, Mme Campan crut la reconnaître dans une des deux femmes voilées, assises, silencieuses, sur le même banc que la reine, comme il arrivait parfois, en toute innocence, à l'un ou l'autre des Versaillais qui emplissaient le parc ces soirs-là.

Ce qu'il y a de certain, c'est que Jeanne poursuivait toujours le rêve de se réconcilier avec Marie-Antoinette. Le désir de la reine d'acquérir le château de Saint-Cloud allait enfin le réaliser.

Louis XVI reculait devant le prix qu'exigeait, sans consentir à le rabattre, le duc d'Orléans, propriétaire de Saint-Cloud. Contactée par son ami, le baron de Breteuil, ministre de la Maison du roi, Jeanne usa des relations du duc de Brissac avec la duchesse de Montesson, l'épouse non légitimée du duc d'Orléans, pour le faire baisser de plusieurs millions. Grâce à quoi Marie-Antoinette entra en possession du château. Il s'en suivit, dit-on, une rencontre à l'Opéra, dans la loge de la comtesse du Barry, des deux femmes masquées, et un long entretien, en présence de Choiseul [1]. La reine oublia, ce soir-là, le serment de la dauphine : « Cette créature n'obtiendra plus une parole de moi ! » Jeanne avait atteint son but. Cette satisfaction obtenue aurait pu, comme on clôt un compte et tourne une page, la détacher de Marie-Antoinette, il n'en fut rien. La haine chez l'une était devenue indifférence – reconnaissance serait de trop ! – chez l'autre ; ce qui n'avait jamais été vraiment haine mais sûrement souffrance se muait en respectueuse affection.

*

* *

L'acquisition du château de Saint-Cloud, fut, aux yeux du peuple, un scandale de plus à porter au compte de la reine. Celui qui éclata en août 1785 en fut un de trop : l'affaire du collier. Jeanne s'en émut à plus d'un titre.

Ce fabuleux collier sorti de l'atelier du joaillier Bœhmer, si lourd de diamants qu'on l'eût vu plutôt harnacher une monture de parade qu'orner la gorge d'une femme, Jeanne l'avait eu jadis entre les mains. Son prix exorbitant avait seul retenu Louis XV de le lui offrir. Cette parure avait disparu et, Jeanne ne pouvait y croire, on accusait un de ses amis, le cardinal de Rohan, de l'avoir dérobée ! On l'avait arrêté, lui apprit-on, dans l'antichambre royale, sous les yeux médusés des courtisans, alors qu'en grands habits pontificaux il s'apprêtait à conduire les cérémonies de l'Assomption. On l'avait embastillé dans l'attente de son procès que, dans sa fureur, la reine avait exigé, car, pour sa défense, le cardinal prétendait le lui avoir remis. C'était à la prière de la souveraine, affirmait-il, qu'il avait agi comme intermédiaire. Elle lui avait fait savoir qu'elle brûlait de posséder ce collier qu'elle avait feint de refuser pour éviter tout le tapage qu'aurait suscité cette dépense excessive. Elle désirait que l'affaire se fît dans le plus grand secret et lui en avait confié la mission.

---

1. Fils du duc de Choiseul qui deviendra duc de Choiseul l'année suivante, à la mort de son père en 1785.

La même version avait été servie au malheureux joaillier sous les yeux duquel on avait mis des billets signés, crut-il, de la souveraine.

Pour Jeanne, ces prétendues relations entre la reine et le prince Louis de Rohan, qu'elle avait tant de fois entendu déplorer la froideur de Marie-Antoinette à son égard, étaient invraisemblables. Dès son apparition à la cour, la dauphine avait détesté le cardinal, non seulement pour sa vanité démesurée mais pour son immoralité ; les vices du prince avaient causé son rappel de son ambassade à Vienne tant ils avaient offusqué l'impératrice Marie-Thérèse. Elle ne lui avait non plus jamais pardonné, en englobant Jeanne dans le même ressentiment, cette lettre offensante pour sa mère qu'il avait adressée de Vienne au duc d'Aiguillon et que « la Barry » avait lue à haute voix lors d'un souper, pour la plus grande joie des convives. Et c'est bien malgré elle que Louis XVI avait nommé le cardinal Grand Aumônier de France. On disait qu'elle ne lui avait plus parlé depuis huit ans.

Tout ce qui se découvrit plus tard, lors du procès devant le parlement, et que le cardinal était contraint de produire pour se justifier du vol dont on l'accusait, fut la preuve d'une consternante disposition à se laisser gruger par une aventurière. Nul n'ignorait qu'il était amoureux de la reine, souffrant de son inimitié, aspirant à rentrer en grâce, voire à la conquérir. Vaniteux et crédule, il avait tout gobé, billets et lettres forgés, signature contrefaite, jusqu'à un rendez-vous nocturne dans un bosquet de Versailles avec une femme voilée qui s'était fait passer pour la reine.

Rohan avait désigné la comtesse de La Motte comme la prétendue messagère de la reine. Ce qui valut à Jeanne d'être assignée à comparaître, le bruit s'étant répandu qu'elle avait reçu cette femme à Louveciennes.

L'interrogatoire s'ouvrit sur des répliques de comédie :

– Quel est votre nom ?

– Mon nom ne fait rien à l'affaire. Vous ne pouvez au reste l'avoir oublié. Je suis connue depuis longtemps.

– Quel âge avez-vous ?

– En vérité, Messieurs, la question n'est pas trop polie. On n'a jamais demandé l'âge d'une jolie femme.

– Eh bien, si madame refuse de le dire, on n'a qu'à mettre cinquante ans.

– Pourquoi pas soixante, cela rendrait l'interrogatoire tout à fait intéressant !

Oui, elle avait effectivement un jour reçu Mme de La Motte. Et pourquoi pas ? se défendit-elle avec hauteur. A Versailles hier comme à Louveciennes aujourd'hui, elle avait coutume d'accueillir tous ceux qui l'en priaient. Au surplus, pourquoi aurait-elle interdit sa porte à une authentique descendante des Valois, l'épouse du garde du corps du comte d'Artois, dont on savait qu'elle était reçue dans les meilleures maisons.

– Que désirait la visiteuse ?

– Implorer mes bontés et ma protection pour faire parvenir au Roi un mémoire dans lequel elle suppliait Sa Majesté de la faire rentrer dans des terres qui avaient appartenu à sa famille et qui étaient rentrées au domaine.

Qu'avait-elle fait de ce mémoire ? Elle avait, dit-elle, flairé l'aventurière sous la comtesse et ne se souciait pas d'user pour elle ce qu'elle avait encore de crédit à la cour. Elle avait oublié le mémoire ; en revanche, elle se souvenait qu'il était signé « Marie-Antoinette de France », comme la lettre qui lui demandait d'être reçue à Louveciennes.

Ce témoignage de Jeanne aurait pu constituer la preuve que la signature dont on disait qu'elle avait abusé le cardinal était bien la signature ordinaire de Mme de La Motte. Il n'y avait donc pas tromperie. Le cardinal était censé savoir que « de France » était de trop, une reine signait de son seul prénom.

Quant à l'affaire même du collier, Jeanne, prudente, prétendit en avoir tout ignoré jusqu'à ce que la chose fût rendue publique.

Le procès traîna jusqu'au printemps 1786, déchaînant les passions. Le cardinal était soutenu par son clan, la haute noblesse, qui voyait là un moyen de se venger de l'attitude de Marie-Antoinette, et, par esprit de corps, le clergé jusqu'au plus humble curé. Le prix du collier avait outré le peuple. La rue était en émoi. Certains doutaient de l'innocence de Marie-Antoinette : « Le collier, pardi, c'est elle qui l'a ! » et de toute manière, si cette histoire avait pu être machinée, c'était dû à son exécrable réputation : « Bien sûr qu'elle pourrait se vendre pour un collier ! »

Jeanne n'en était pas, dans cette affaire, à une contradiction près. Elle souffrait pour les Rohan et les Soubise près de qui elle avait trouvé un appui au temps de ses difficultés et avec lesquels elle entretenait toujours d'étroites relations, mais elle ne s'affligeait pas moins des attaques portées à sa chère Marie-Antoinette.

Contre toute attente, malgré un réquisitoire sévère, le cardinal qui encourait les galères fut acquitté. La reine « outragée et victime des cabales et de l'injustice », se plaignait-elle, en pleura dans les bras de Mme Campan.

Louis XVI exila Rohan au monastère de La Chaise-Dieu, ce qui inspira à un plaisantin l'épigramme :

Le parlement l'a purgé.
Le roi l'a envoyé à la Chaise.

Quant à « la femme de La Motte », publiquement fouettée, marquée au fer rouge et condamnée à la prison à vie, sa mystérieuse évasion de la Salpêtrière, peu après son incarcération, fit soupçonner la princesse de Lamballe, l'amie intime de Marie-Antoinette, surintendante de sa Maison… Il subsistait bien des ombres dans cette affaire du collier et elles noircissaient encore plus l'image de la reine.

*
* *

Les nuages s'amoncelaient. L'orage menaçait un royaume malade de ses finances que les demi-mesures prises par Calonne ne parvenaient pas à guérir. Le ministre se résolut, cette même année 1786, à imposer une grande réforme des impôts. Pour court-circuiter l'opposition parlementaire, sans avoir à recourir aux Etats Généraux, instrument lourd et dangereux, Calonne avait convaincu le roi de réunir l'Assemblée des Notables. Il se faisait fort de faire approuver son programme par cette assemblée composée des plus grands seigneurs, des plus hauts magistrats et des plus riches propriétaires.

Le premier acte de l'Assemblée fut de ratifier la création d'Assemblées provinciales dans tout le royaume, une idée reprise à Necker qui désirait associer les sujets du roi à la gestion des finances. Le réformiste duc de Brissac s'en réjouissait, lui dont l'esprit fourmillait de projets. Mais, après la nomination des députés, pour la moitié par le roi et le reste par cooptation, il dut avouer à Jeanne sa déception : « Savez-vous que je suis piqué de n'avoir pas été nommé Président de l'Assemblée provinciale d'Anjou. Je ne l'ai pas demandé, mais qui puis-je accuser de m'avoir oublié ?... » Il ajouta aussitôt : « Mille amours, mille remerciements, cher cœur, ce soir je serai près de vous. Oui, c'est mon bonheur d'être aimé de vous. Je vous baise mille fois. »

Sa vie auprès de Jeanne console Brissac de la politique, n'en déplaise à ceux qui, ironisant sur les *mille amours* et le *cher cœur,* y voient l'expression conventionnelle de sentiments conventionnels.

Certes, *cher cœur* sent son *Astrée,* mais à cinquante-deux ans, le duc est à la fois l'homme de l'avenir par les aspirations et celui du passé par l'éducation, les manières, le langage. Chaque époque charnière entre deux mondes présente une telle contradiction. En dépit du *cher cœur,* on ne peut douter de la sincérité et de la force des sentiments de celui qui, après des années déjà d'intimité, écrivait le 17 août 1786 : « Mon impatience à vous rejoindre n'en diminue pas ; oui, cher cœur, le moment de me réunir à vous, non d'esprit, car je le suis toujours, mais de présence, est un violent désir qui ne peut ralentir. »

QUATRIÈME PARTIE

LES COULOIRS DE LA MORT

I

1789...

UN monde va disparaître. Celui de Jeanne l'est déjà en partie. Les acteurs principaux de sa vie ont quitté la scène : Choiseul, d'Aiguillon et, tenant jusqu'à la fin son rôle de vieux séducteur libertin, le duc de Richelieu. Elle a perdu sa mère. Elle n'avait jamais renié Anne Bécu-Rançon affublée du titre de comtesse de Montrabé et elle continuait à veiller sur son beau-père le « comte » auquel elle assura une rente après la mort de la « comtesse ». Il est vrai qu'il eût été ingrat d'oublier qu'ils avaient contribué à sa fortune en se prêtant à la comédie de son mariage, mais leurs liens avec Jeanne ne se résumaient pas à cela. Tout autre celui qu'elle conservait avec son beau-frère, le Roué, qui justifiait toujours son surnom. Flambeur impénitent, endetté à l'extrême, beau parleur, ambitieux et intrigant, du Barry la harcelait de demandes d'argent « en souvenir du passé », sur le mode de l'attendrissement ou celui du chantage.

Au temps de la « réussite » de sa maîtresse dont il s'attribuait tout le mérite, le Roué qui, dans l'intimité, parlait de Louis XV en l'appelant « frérot », avait usé et abusé du crédit de Jeanne. Il émettait sans scrupules des emprunts gagés sur sa belle-sœur et sa plus belle opération avait été la vente fictive de la forêt de Senonches consentie par le roi ; il en avait reçu quittance, sans avoir déboursé un centime ! Mais il bénéficia d'autres concessions de fiefs de la Couronne qui lui apportèrent des revenus considérables, de quoi acquérir un superbe hôtel rue de Richelieu et d'y entretenir cinq maîtresses à la fois, ce qui le fit surnommer « Roué-Mahomet » ! Néanmoins, s'il triomphait sur le plan financier, il subissait des déboires sur celui des charges et des honneurs qu'il sollicitait tant pour lui que pour ses amis. Il se heurtait là à l'opposition des ministres et Jeanne refusait de le soutenir contre eux… Dépité, il avait fait un jour une chanson qui avait couru Paris :

Où prends-tu donc ta fierté ?
Drôlesse !
Princesse !
D'où te vient ta dignité ?
Si jamais ton teint se fane ou se pèle,
Au train
De catin
Le cri du public te rappelle,
Drôlesse, etc.

Si l'air aujourd'hui avait quelque peu changé, l'esprit était le même. La menace planait toujours pour Jeanne de quelque révélation déplaisante.

Elle obtempérait aux demandes d'argent mais refusait les intrigues auxquelles l'esprit inventif et fertile du Roué entendait encore la mêler. « Vous profiterez encore de quelques étincelle de mon génie, lui écrivait-il. Elles ont souvent éclairé votre route, je vous le répète, elles l'éclaireront encore… »

Le Roué était toujours le Roué ; la société, elle, se désagrégeait. Sur le manège ministériel, un petit tour et puis s'en vont. Loménie de Brienne avait succédé à Calonne sans plus de succès que lui à vaincre l'indocilité des Notables, en y ajoutant celle attendue du Parlement auquel il avait fini par recourir. La noblesse, outrée de la réforme judiciaire qu'il avait fait imposer par lit de justice, se rebellait de Paris à Dijon, au Dauphiné et à la Bretagne. « L'opposition se fortifiait, écrit Talleyrand, la politique extérieure de la France était annulée, le Trésor était vide, le trône isolé, la diminution de la puissance royale était la passion du moment, on se trouvait trop gouverné ; peut-être n'y eût-il aucun moment de notre histoire où chacun individuellement ou collectivement ait franchi ses limites… » Tel était l'état des esprits et des choses à la veille du rappel de Necker et de l'ouverture des Etats Généraux réclamés à cor et à cri.

Mai 1789. Versailles est en fête. Sans certitude, nous nous plaisons à imaginer Jeanne à l'un des balcons d'un hôtel ami, tendus de tapisseries bleues aux armes royales, comme toutes les façades de la ville, et noirs de monde. Les moindres emplacements ont été loués à prix d'or sur le passage des mille cent cinquante-quatre députés. Fût-ce par simple curiosité, Jeanne aurait-elle pu manquer le somptueux spectacle de la procession qui les conduisit, le 4 mai, de Notre-Dame à l'église Saint-Louis pour un solennel Te Deum ? En tête marchait le compact et sombre cortège des députés du Tiers, les plus nombreux, dont « les cheveux courts comme des domestiques anglais » choquèrent Alex de Fersen ; suivaient les habits chamarrés et les plumes multicolores des chapeaux de la Noblesse, puis les soutanes noires du bas clergé, les chapes rouges des cardinaux, les robes violettes des évêques, précédant l'ostensoir brillant de mille feux, et en arrière, sous le dais porté par les princes, le roi et la reine entourés et suivis par les dames et les seigneurs de la cour en habits de gala, les dignitaires et les officiers de la couronne.

Si d'aventure, mais c'est peu vraisemblable, Jeanne avait manqué l'occasion d'admirer la prestance du duc de Brissac précédant le roi, comme sa charge de colonel des Cent-Suisses le lui imposait, en grande tenue, fraise au cou, chapeau de velours noir garni de plumets blancs tailladés de taffetas incarnat, ses bas rouges retenus par une jarretière d'or, on vint sûrement à Louveciennes lui commenter la cérémonie ainsi que la séance solennelle d'ouverture qui eut lieu le lendemain dans la grande salle de l'hôtel des Menus-Plaisirs.

La politique, l'a-t-on assez répété, ne passionnait pas la comtesse du Barry, mais la politique venait à elle avec les amis que le duc de Brissac ramenait à Louveciennes. Il n'était question que de la profonde déception causée par le discours de Necker. Un discours technique et soporifique. Un déluge de chiffres… Et, comme panacée à tous les maux du royaume, le ministre n'avait fait que proposer un emprunt. De la nécessité des réformes de structure auxquelles on aspirait sur tous les bancs du Tiers et des nobles libéraux, il n'en avait pas été et n'en serait pas question. Avant que Necker ne prît la parole, le roi avait sobrement indiqué que les députés avaient été convoqués pour tenter de rétablir les finances du royaume, en les mettant en garde contre toute forme d'idées nouvelles. A quoi avait donc servi la masse des cahiers de doléances rédigés dans la fièvre et l'espérance ?

Brissac était à la fois trop proche de Necker et de la cour pour que Jeanne soit tenue en dehors des événements qui bloquèrent la machine dès sa mise en marche, même si peut-être elle n'en mesurait pas les conséquences.

Quelle voie allait emprunter le roi face à la détermination du Tiers à imposer la suppression des ordres en faveur d'une seule assemblée, baptisée par lui Assemblée Nationale, et l'institution du vote par tête ? Quelle décision allait prendre Louis XVI devant le coup de force des députés, exaltés par leur serment prononcé le 18 juin dans la salle du Jeu de paume de Versailles de ne pas se séparer avant que ne fût votée la nouvelle constitution du royaume ? Ils avaient refusé de quitter l'Assemblée où ils avaient été convoqués pour entendre casser leurs arrêts et confirmer la séparation des trois ordres : « Nous ne quitterons nos places que par la puissance des baïonnettes », avait crié Mirabeau, applaudi à tout rompre. Quelle voie le roi choisirait-il ? Dissoudre cette Assemblée qui, soutenue par l'opinion publique, ne voudrait pas se laisser dissoudre ? C'était la guerre civile. Capituler ? C'était reconnaître l'impuissance de l'autorité royale. Louis XVI était tiré à hue et à dia. Necker plaidait pour des accommodements. L'entourage de la reine et du comte d'Artois prêchait la violence. Ce ne fut toute la journée du 23 juin qu'ordres et contrordres donnés aux troupes chargées de faire évacuer la salle, jusqu'au royal : « Eh foutre, qu'ils restent ! »

La partie est gagnée pour le Tiers. Après le Clergé, la Noblesse, d'abord figée dans sa résistance, s'est inclinée, de mauvaise grâce, devant l'ordre du roi de rejoindre l'Assemblée Nationale. Le député languedocien Cazalès dira qu'elle s'est rendue comme une putain.

La Révolution est finie, déclare-t-on. Le duc de Brissac voit dans cette assemblée unique la promesse de la régénération du royaume et communique à Jeanne son optimisme. Ils pourront en toute quiétude jouir à Louveciennes de la belle saison.

Mais éclate l'annonce du renvoi de Necker. La reine et le comte d'Artois n'ont pas pardonné au ministre d'avoir soutenu le Tiers. Un jeune homme pâle [1] se juche sur un des tréteaux des jardins du

1. Camille Desmoulins.

Palais-Royal, les jardins du duc d'Orléans [1] ouverts à tous les frondeurs. Il harangue l'attroupement qui s'est formé à la stupéfiante nouvelle : « Citoyens, il n'y a pas un moment à perdre, j'arrive de Versailles, M. Necker est renvoyé ; ce renvoi est le tocsin d'une Saint-Barthélemy des patriotes ; ce soir tous les bataillons suisses et allemands sortiront du Champ-de-Mars pour nous égorger… » Un imposant cortège brandissant les effigies de Necker et du duc d'Orléans se forme boulevard du Temple et se met en branle. Il se heurte aux troupes postées place Louis XV [2]. Toutes les issues en sont fermées. Les manifestants fuient vers les Tuileries, pourchassés par les dragons allemands. La confusion est totale. Les bruits les plus fous circulent, soulevant la colère de Paris. On parle de carnage. « Aux armes, citoyens ! »

« En un même jour, écrit Talleyrand, la France entière, villes, villages, hameaux, se trouve sous les armes. La Bastille est attaquée, prise ou livrée en deux heures et son gouverneur égorgé. Alors tout cède… » La Grande Peur.

A Louveciennes, Jeanne, privée de la présence protectrice du duc de Brissac retenu à Versailles par sa charge, s'effraie et gémit : « Si Louis XV vivait, sûrement tout cela n'aurait pas lieu ! »

On s'est gaussé de ce soupir. On pourrait y voir cependant la parfaite connaissance que Jeanne avait du caractère des deux souverains. S'il pouvait se montrer longtemps indécis, le feu roi n'était pas un faible. Une fois sa décision prise sans tenir compte des pressions mais du seul intérêt de l'Etat, il savait être dur, impitoyable, s'il s'agissait de l'autorité royale qu'il croyait fermement tenir de Dieu. La rébellion se nourrissait de la faiblesse, du tempérament conciliant du bon et pacifique Louis XVI pour devenir Révolution.

Le comte d'Artois a donné le signal de l'émigration. Le carrosse des Polignac fuyant vers la Suisse croise la voiture de Necker qui en revient, rappelé par le roi.

Cependant, Louis XVI s'est réconcilié avec le peuple de Paris. Ce mémorable 17 juillet, il est venu à l'Hôtel de Ville, « accompagné

1. Le futur Philippe Egalité, en 1784, a converti en boutiques à louer tous les alentours du jardin de sa résidence du Palais-Royal. Les jardins ouverts au public deviennent une espèce de foire perpétuelle, le quartier général des militants politiques et le centre privilégié de l'opposition au régime.

2. Actuellement place de la Concorde.

de quatre personnes de sa cour », écrit un témoin, attacher à son chapeau la cocarde au trois couleurs reçue des mains du maire Bailly et il en est reparti, sous les cris de « Vive le Roi », proclamé « père du peuple français ».

La Révolution est finie, pense-t-on pour la seconde fois. La Bastille est aux mains des démolisseurs. On a voté d'une seule voix l'érection de la statue du roi sur son emplacement. En attendant, la place est devenue l'endroit à la mode, le rendez-vous de toutes les célébrités du monde des arts, des lettres et de la politique ; les étrangers en ramènent chez eux une pierre souvenir. Les voitures de femmes élégantes et parées y défilent et même s'y arrêtent. Peut-être l'une d'elles est celle de la comtesse du Barry. On la verra en tout cas au théâtre des Italiens, au Théâtre-Français, dans sa loge de l'Opéra, dans les salons de ses amis, mais sans Brissac parti pour son duché d'Anjou, le 20 juillet.

La Révolution est-elle vraiment finie ? Le 21, dans les rues de Paris, une horde en guenilles a promené au bout d'une pique les têtes détestées de l'intendant général Foulon et de son gendre, tous deux accusés d'affamer volontairement le peuple. Au même moment, près de La Flèche, la foule était prête à lyncher le duc de Brissac qu'elle avait reconnu. L'autorité qui l'avait arrêté ne savait que faire de lui : le juger sur place ? le renvoyer à Paris ? En attendant plus ample information, on l'avait laissé aller.

On peut imaginer la peur rétrospective de Jeanne au reçu de la lettre de Louis-Hercule relatant l'aventure, et son soulagement. Une fréquente correspondance s'établit entre eux durant cette absence qui menaçait d'être longue, car en Anjou comme partout ailleurs, on avait ravagé la campagne, incendié et pillé les châteaux, assassiné les propriétaires, et le duc comptait sur son ascendant pour ramener la paix et la confiance.

L'aristocratie avait pris conscience que les abus et la misère pouvaient engendrer les pires violences. Le 4 août, elle s'offrit au sacrifice dans l'enthousiasme général. Les grands prêtres de l'abolition des privilèges n'étaient pas des inconnus pour Jeanne : ils s'appelaient d'Aiguillon [1] et Noailles [2] !

1. Armand d'Aiguillon, fils aîné du duc d'Aiguillon.

2. Le vicomte de Noailles, fils du duc de Mouchy, époux de Louise de Noailles, petite-fille de la maréchale de Noailles, Catherine de Cossé-Brissac,

Trois semaines plus tard, tandis qu'à l'Assemblée on mettait, non sans peine, la dernière main à la Déclaration des Droits de l'Homme et du Citoyen, le préambule philosophique que l'on avait tenu à formuler avant toute discussion sur la future constitution, Brissac écrivait à Jeanne :

« Il y a ici trois ou quatre personnes qui troublent la tranquillité qui règne dans tous les alentours. C'est une calamité qu'il faut supporter. La liberté est si précieuse qu'il faut bien l'acheter par quelques peines. En serons-nous meilleurs ? Peut-être que non. Plus heureux, cela doit être. L'égalité, la médiocrité, la simplicité forment un repos qui doit rendre poli et humain. On m'a souhaité hier la bonne fête, très bruyamment, très militairement [1]. Il m'a paru que le cœur entrait beaucoup dans les vœux de mes concitoyens. La féodalité détruite n'empêchera pas d'être respecté et aimé, ce qui est le bon et le certain. »

Mais, dans la lettre suivante, l'optimisme fit place à d'autres sentiments :

« ... Que votre lettre du 22, Madame la Comtesse, est donc philosophique et savante ! *(Nous ne possédons pas la lettre qui permettrait d'en juger !)* Oui, il faut vivre de la Philosophie et de l'espérance, ainsi que de la patience, lorsqu'on est loin de vous et lorsque les Etats Généraux travaillent si lentement sur les vrais points principaux qu'attend toute la France et qui doivent la tranquilliser. Elle est portée à la résignation, au moins la noble. La nation doit être tranquille sur leur compte car on les a trouvés partout *(les nobles)* et sans armes et sans défense et sans projets. On dit que Paris n'est pas tranquille. Il manque ainsi que vous de subsistance. Que ne puis-je partager avec vous tous les beaux fruits que cette belle Cérès angevine nous a procurés cette année, mais il ne serait ni prudent ni possible de tenter de vous en envoyer, et les municipalités redoutent le peuple qui non content de ce qui lui est nécessaire veut partager le superflu. »

Brissac est cette fois lucide. La lenteur des travaux de la Constituante est de mauvais augure. Que peut-on attendre d'une

---

cousine germaine du duc de Brissac. Le vicomte de Noailles était le beau-frère du marquis de La Fayette et avait participé à la guerre d'Indépendance en Amérique.

1. La Saint-Louis, fête patronale de l'ancien seigneur de Brissac.

assemblée aussi divisée et dont les députés d'un même groupe se déchirent ? Aveugle cependant il l'est en prêtant à la noblesse sa propre « résignation ». A l'heure où il écrit, la contre-révolution est déjà secrètement en mouvement.

« *On dit que Paris n'est pas tranquille* » : c'est peu dire ! L'émeute y couve en permanence, des poussées de fièvre dues aux difficultés d'approvisionnement, au chômage, aux demandes salariales non satisfaites et à l'éclat des différends entre l'Assemblée et la cour au sujet du veto que, dans son ignorance, le peuple perçoit comme un monstre prêt à le dévorer.

« ... Oui, écrit le duc de Brissac à Jeanne le 5 septembre, l'avenir comme le présent est désolant. A moins que la raison, le plus beau apanage de l'homme, ne le cède à l'ambition, à la vanité, quel est l'homme qui ne désire pas le bonheur et la liberté pour lui et pour les autres, à moins qu'il ne soit un forcené ? Je vois qu'il y en a trop. Mais des personnes agissantes, assez franchement loyales pour concourir à l'arrangement avantageux de tous, où sont-ils ces hommes ? On ne les écoute pas, ou ils n'existent pas. Que de tristesse toutes ces idées procurent ! »

Mme Vigée-Lebrun qui, à Louveciennes, avait commencé un troisième portrait de Jeanne destiné à Brissac, s'était affolée de l'atmosphère qui régnait dans la capitale, où elle s'était rendue pour une course : « J'espérais pouvoir retourner à Louveciennes pour finir mon ouvrage. Mais... mon effroi était porté au comble et je ne songeai plus qu'à quitter la France », dit-elle dans ses *Mémoires*.

C'est dans la nuit du 5 au 6 octobre qu'elle fuira Paris, tandis qu'à Versailles, une populace déchaînée y ramenait de force, sous les injures et les crachats « le boulanger, la boulangère et le petit mitron ».

Marie-Antoinette fera remercier la comtesse du Barry pour avoir recueilli et soigné à Louveciennes deux de ses gardes du corps qui, blessés lors de l'invasion du palais, avaient réussi à échapper à la tuerie et à s'y réfugier. Jeanne, en réponse, assurera la reine de son désir de mettre tous ses biens à sa disposition, pour « rendre à César ce qui appartient à César », mais la lettre [1] est vraisemblablement apocryphe.

1. Citée dans les *Mémoires secrets* de d'Allonville.

La tornade qui a ravagé Versailles a contraint la famille royale à s'installer aux Tuileries. Le duc de Brissac y a repris sa place auprès du roi, mais il se rend quotidiennement à Louveciennes. Sauf le 11 novembre où il ne peut que lui écrire qu'il est alité, gravement enrhumé et déprimé par ce trop long séjour à Paris dont il dit « qu'il finira par le tuer ou le désoler si bientôt sa résidence n'est levée » :

« Adieu, ma tendre amie, je vous aime et je vous baise mille fois du plus tendre de nos cœurs, Je voulais dire de mon cœur, mais je n'effacerai pas ce que ma plume a tracé, aimant à penser que nos cœurs ne sont pour jamais qu'un. Adieu, à demain. Je vais tâcher de suer et de cracher. Joli projet à mettre en réalité. C'est une occupation moins désagréable dans la circonstance présente qu'elle ne le serait si le temps était calme et, par conséquent, beau. Tout ce qui se passe est réellement mystérieux et fol, et la sagesse est de nous unir. Adieu, tendre amie, adieu, cher cœur. Je vous aime et vous baise. »

Quoi ? roucouler ainsi quand tout s'écroule autour de vous ? Quelle surdité ! quel stupide aveuglement ! s'est-on exclamé. Trop légèrement. Au milieu des tempêtes de l'Histoire, l'amour sera toujours l'île où l'on cherchera refuge. Les plus belles histoires d'amour ont été écrites dans des temps aussi cruels que la guerre et les révolutions. Celle de Jeanne et du duc de Brissac est de celles-là.

Oublier, saisir avidement l'instant présent, vouloir à toute force croire encore au bonheur, n'exclut pas l'inquiétude. Le nom de la du Barry reparaît dans les gazettes. La suppression des droits féodaux a entraîné une certaine gêne dans les finances de Jeanne. En outre, le numéraire se raréfie dangereusement en raison de l'incroyable désordre des finances publiques qui rend les banquiers méfiants ; aussi était-il sage de prendre des précautions. Jeanne a estimé nécessaire de vendre quelques chevaux.

La réaction ne s'est pas fait attendre ; dans une gazette révolutionnaire, le *Petit Journal du Palais Royal,* on peut lire :

« Vente de chevaux de voitures.

La comtesse du Barry, veuve du roi Louis XV, cette infâme Messaline, veut vendre une demi-douzaine de vieux chevaux, en faveur d'un jeune poulain qui lui a été procuré par le prince Beauvau. »

Cette annonce la rendra plus prudente quand il s'agira en novembre 1792 de vendre des bijoux. Elle s'adressera aux Vandenyver, des banquiers hollandais, qui les négocieront à Amsterdam.

Mais le mal est fait. On se souvient de la du Barry. Marat frappera plus fort que le *Petit Journal* :

« Sachez que ce que coûte à l'Etat l'Assemblée Nationale ne coûte pas pendant une année entière le quart de ce que lui coûtait l'une des catins de ce vieux pécheur de Louis XV. Voyez comme elle est calée à Louveciennes cette du Barry qui trottait ci-devant dans la crotte ! »

Et de recommander à l'Assemblée la saisie des biens de la favorite donnés par un roi et qui appartiennent à la Nation…

Alors, quitter la France, comme tant d'autres déjà ? Pourquoi le ferait-elle ? 1790 a aboli les titres de noblesse, elle est Jeanne du Barry, citoyenne exemplaire qui a versée son écot aux dons patriotiques ; elle n'a fait de mal à personne, bien au contraire et les villageois peuvent en témoigner. Et qui peut dire qu'elle « pense mal » ? Certes, elle ne voit que des aristocrates, mais elle n'en connaît pas d'autres ; les portraits de Louis XV et de Marie-Antoinette sont toujours accrochés en bonne place, mais pourquoi ne le seraient-ils pas ? Ce sont de beaux tableaux et Marie-Antoinette est toujours aux Tuileries !

Brissac s'inquiète pour elle, car il sait ce que peuvent la jalousie, la convoitise, la haine. L'Ile-de-France, parcourue par des exaltés, n'est pas sûre et la résidence de Jeanne à Louveciennes bien isolée. Il la décide à recruter un soldat de la compagnie des Gardes-Suisses pour surveiller, la nuit, le domaine.

II

1791...

NUIT du 10 au 11 janvier. Des ombres se faufilent dans le parc de Louveciennes. Deux échelles attachées bout à bout s'adossent au mur, sous les fenêtres de l'appartement de Jeanne. Bruit d'un carreau cassé…

Les malandrins sont bien renseignés : ils connaissent les lieux ; il savent la comtesse à Paris où le duc de Brissac donne un grand dîner en l'honneur de l'Epiphanie, elle ne rentrera que demain. Il n'y a au château que le vieil intendant, Denis Morin, et quelques serviteurs dans les mansardes. Le jardinier devrait coucher dans l'antichambre mais, faute de pouvoir y caser un lit, Morin l'en a dispensé : « Il faut espérer qu'il n'arrivera rien cette nuit. »

Hélas ! Au petit matin, alarmés par la présence de l'échelle abandonnée sur place, Morin et le portier, qui détient une clef de la chambre, découvrent un spectacle consternant : sur le sol jonché de papiers épars, la précieuse commode de porcelaine gît renversée et brisée, tiroirs fracturés et vidés de leur contenu, comme ceux du secrétaire. Les bandits ont tout emporté, un énorme butin de bijoux, raflant au passage les deux girandoles d'or de la cheminée, sans oublier celles de la garde-robe.

Morin a alerté aussitôt la municipalité de Louveciennes et la maréchaussée de Nanterre en même temps qu'il dépêchait un courrier à l'hôtel de Brissac.

Einbruch in Louveciennes

Jeanne naturellement s'est précipitée à Louveciennes pour constater qu'on lui avait dérobé tous ses bijoux. Elle hurle : « Mais que faisait donc le Suisse de garde ? »

On l'avait trouvé à son poste, assoupi, confus, avouant qu'il n'avait rien vu, rien entendu. Dans la soirée, deux inconnus l'avaient invité à boire au cabaret où il se trouvait ; il ne se souvenait de rien d'autre.

« Votre soldat est complice de mes voleurs », tempête Jeanne qui a couru chez le commandant des Suisses. L'ordre est donné d'arrêter le jeune homme – il a à peine dix-huit ans – et de le mettre aux fers dans le plus noir des cachots.

La discipline militaire n'est déjà plus ce qu'elle était. Les grenadiers grondent : Quoi ! arrêter leur gentil camarade sur un simple soupçon ! Ils parlent d'en demander raison en justice à la comtesse du Barry. « Le vol des diamants de Golconde, disent-ils, ne justifierai pas cette atteinte aux droits de l'homme et du citoyen ; et d'ailleurs, est-il délit assez grave pour être mis aux fers sur le simple soupçon d'une femme fière encore d'avoir été un moment la première courtisane de l'empire ! »

Ce vol, est-on d'ailleurs si sûr qu'il ait eu lieu ? Les langues vont bon train. On parle d'une mise en scène. Une ruse de cette femme pour berner le peuple, dissimuler ses biens.

A la maladresse de cette hâtive accusation, Jeanne en ajoute une autre et de taille. Sur le conseil de son notaire, elle fait imprimer à plusieurs centaines d'exemplaires la liste des bijoux volés sous un titre en gros caractères :

« Deux mille louis à gagner, *et récompense honnête et proportionnée aux objets qui seront rapportés.* » [1]

La liste fabuleuse est amplement diffusée. Les yeux s'arrondissent devant elle ! Les passions et les convoitises se déchaînent. On rôde autour de Louveciennes.

Le duc de Brissac bouleversé presse Jeanne de venir s'installer à Paris :

« Ce mercredi 2 février 1791

« Arrivez, très cher cœur, et prenez toutes les précautions possibles pour votre vaisselle et autres effets encore précieux, s'il

1. Voir l'annexe « Le vol des bijoux » en fin de l'ouvrage.

vous en reste. Oui, vous, votre beauté, votre bonté, votre magnanimité, j'en suis confus et me semble plus faible que vous ! Adieu ; venez donc de bonne heure. Donnez-moi vos ordres vite par cet exprès qui reviendra sur-le-champ. Tout sera prêt pour que vos ordres soient exécutés. Adieu, je vous aime et vous embrasse de tout mon cœur. A ce soir. »

L'enquête piétine. La police ne cesse de s'engager dans de fausses pistes et en revient bredouille.

Un étrange personnage entre en scène pour offrir à Jeanne ses services. Il s'appelle Forth, c'est un agent anglais ; sa police secrète est plus efficace que celle du gouvernement français. Le 15 février, il peut annoncer à Mme du Barry que l'on a retrouvé à Londres voleurs et bijoux.

Folle de joie, Jeanne sollicite sur-le-champ un passeport à la municipalité de Louveciennes, griffonne ses instructions : que Morin fasse redoubler de vigilance la nuit autour du château, et se met en route précipitamment, accompagnée de l'aide de camp du duc de Brissac, retenu par son poste, et du joaillier qui identifiera les bijoux que Forth a fait déposer à la banque Ranson, Morland et Hammers.

Forth est venu tout exprès de Londres pour l'accueillir à Calais et lui faciliter l'embarquement à Boulogne. Il est porteur d'une excellente nouvelle : Harris, un des malfrats, a tout avoué ! Ses aveux ont été consignés devant le Lord-Maire de Londres.

Jeanne, euphorique, descend dans une hôtellerie de Jermyn Street tenue par un ancien cuisinier du duc d'Orléans. Elle ne doute pas de se réembarquer aussitôt avec son bien.

Déception ! Les joyaux pourtant dûment identifiés doivent rester sous séquestre en attendant un jugement.

On a bien arrêté les présumés voleurs, mais le vol a eu lieu en France et l'extradition n'existe pas en Angleterre. Le Lord-Maire qui l'a reçue avec beaucoup de civilité ne lui cache pas que l'affaire sera longue.

Il faut faire contre infortune bon cœur. Avant de repartir, Jeanne visite ses amis émigrés. Quoi de plus naturel ? Rien d'ailleurs ne l'interdit. Elle ne se doute pas qu'un agent du contre-espionnage français, un dénommé Blache, a ouvert un dossier à son nom !

De retour à Louveciennes, Jeanne a remis à la police une copie de la déclaration de Harris, dûment certifiée par le Tribunal de

Versailles dont la commune dépend. Des noms de brocanteurs parisiens y figurent. La police procède à une perquisition chez l'un d'eux. Faute de l'homme parti « pour affaire » quelque part en Belgique, elle a arrêté sa femme et sa servante. Maigre butin ! Jeanne ne se soucie pas du châtiment des coupables. Ce qu'elle veut, c'est récupérer ses bijoux.

Elle sollicite un nouveau passeport que le ministre des Affaires étrangères de l'époque, M. de Montmorin, s'empresse de lui accorder. Et, le 4 avril, elle repart pour l'Angleterre.

Mme du Barry est parfaitement en règle, mais la police est en alerte. Elle sait que la voyageuse emporte avec elle des lettres de crédit sur une banque de Londres établies par les banquiers Vandenyver. Mme du Barry ferait-elle passer de l'argent aux émigrés ? C'est peu probable étant donné sa propre situation financière, mais on l'en soupçonne. En outre, la veille de son départ, elle s'est chargée de messages destinés aux Français de Londres. Elle ne se doute pas que la vigilante censure a pris connaissance de ce billet du Directeur des Bâtiments du roi, pour elle un suspect : « Je suis au désespoir de ne pouvoir me rendre aux ordres de Madame la Comtesse, mais on me mène et on m'attend. Il m'est impossible d'avoir l'honneur de passer chez elle. Mes vœux et ceux de ma compagne la suivent sur sa route et l'accompagneront à son retour. Voudra-t-elle bien se charger de cette réponse ? Il n'y a point d'adresse, mais Madame la Comtesse sait à qui elle doit la remettre… »

Jeanne conspirerait-elle ? Non, mais elle n'hésite jamais à rendre service et celui-là lui semble bien anodin, quoique la destinataire soit Mme de Calonne et que Calonne [1] soit à quelque part avec les contre-révolutionnaires de Coblentz !

Durant ce deuxième voyage, Jeanne constate que son affaire n'a pas avancé d'un pas. Si Harris persiste dans ses déclarations, les autres prisonniers les rejettent en bloc : les bijoux sont bien à eux ; ils les ont achetés à Paris ; ils sont innocents. Faute de prouver le contraire, on devra bientôt les relâcher.

1. Discrédité en 1787 par l'opposition de l'Assemblée des Notables à sa réforme des finances, Calonne s'était exilé à Londres où il devint un des animateurs du mouvement d'émigration et le soutien des princes.

Jeanne, accompagnée de Forth, s'est rendue à la prison. Elle a vu longuement le seul Français de la bande. Elle lui a inutilement mis le marché en main : qu'il consente à confirmer les aveux de Harris ce qui lui permettrait de rentrer en possession de son bien et, de son côté, elle retirera sa plainte. Mais l'homme s'est méfié.

Un mois se passe. Jeanne s'est consolée de ses déboires avec des mondanités, car elle est reçue dans la meilleure société anglaise et en est enchantée.

A peine est-elle de retour en France qu'un courrier la rappelle à Londres. Le procès de ses cambrioleurs est sur le point de s'ouvrir. Sa présence est jugée indispensable.

Pour rendre plus agréable ce troisième séjour, Jeanne loue une maison près de Berkeley Square, engage des domestiques, achète une voiture, des chevaux. Par bonheur, le crédit ouvert à la banque Ranson est illimité.

Elle tient salon où l'on voit bientôt tout ce que Londres compte d'émigrés. Il est loin le temps du mépris ! Elle apporte l'air de France dont ils ont la nostalgie. Dans la vie médiocre et souvent matériellement difficile qui est la leur, elle est le vivant souvenir d'une époque fastueuse ; ils reconstituent autour d'elle une cour. Jeanne en retire une grande satisfaction : ils la reconnaissent enfin comme l'une des leurs. Mais pourquoi cela vient-il si tard !

Le chaos qui règne en France est l'objet de toutes les conversations. Quelle infamie que cette Constitution civile du clergé à laquelle heureusement le roi ne consent pas ! On dit qu'il est pour les réfractaires qui refusent de prêter serment et qui se lèvent partout, en Vendée, en Bretagne, en Avignon…

Jeanne écoute, opine distraitement. Ses préoccupations sont ailleurs. Entre deux visites aux monuments et aux jardins de Londres, deux séances de pose chez le peintre Cosway qui fait d'elle un délicieux portrait, elle cultive ses relations anglaises, se laisse inviter à la campagne chez la future comtesse de Buckingham, plus intéressée par les aventures galantes que par la politique, et surtout elle multiplie les démarches pour tenter d'activer le procès.

Le Lord-Maire ne peut malheureusement rien pour elle, lui dit la « Lady Mairesse », devenue son amie. Et le Chancelier ? Jeanne fait donner ses relations pour l'atteindre. Elle est déçue : « Milord

Hawsky fait bien ses compliments à Mme du Barry. Il n'a reçu sa lettre du 14 qu'hier. Il sera enchanté de lui être de quelque utilité dans ce pays-ci. Il y a quelque temps déjà qu'il a eu une conversation avec milord Chancelier sur son affaire et milord Chancelier lui a dit qu'il avait déjà parlé à son avocat sur ce sujet, mais les lois de ce pays-ci ne permettent pas à aucun juge, pas même au Chancelier, de se mêler dans la conduite actuelle du procès. »

La réponse de Hawsky est datée du 25 juin 1791. Ce jour-là, on ramenait à Paris, *manu militari* et sous les quolibets et les injures, Louis XVI et sa famille, arrêtés à Varennes dans leur tentative de gagner Metz et l'armée de Lorraine. Le plan de fuite était bien conçu et sans les contretemps, les malentendus et la multiplication des maladresses, il aurait pu, il aurait dû réussir.

Pourquoi, pourquoi, se lamentait-on dans le salon londonien de la du Barry, avoir pris Metz comme destination et non une frontière plus proche ?

Y avait-il quelqu'un pour répondre que le roi ne voulait pas quitter la France, il l'avait affirmé, mais seulement s'éloigner des Tuileries où il se sentait prisonnier des Parisiens, de l'Hôtel de Ville et de l'Assemblée ?

Brissac avait été tenu en dehors de l'équipée de Varennes. Marie-Antoinette avait craint, dit-on, qu'il n'en compromette le plan en se confiant à la comtesse du Barry ! Vaine crainte car Jeanne était en Angleterre, mais plutôt méfiance envers un serviteur de la couronne connu pour ses sympathies libérales, son amitié avec Necker qu'elle détestait.

Le roi qui avait consenti à se travestir en laquais avait perdu le droit au respect, sa personne n'était plus sacrée. Paris fut noyée de libelles et de caricatures obscènes. On manifestait dans les rues pour exiger sa déchéance et sa mise en jugement. L'Assemblée, monarchiste dans son ensemble, essayait de maintenir la fiction d'un enlèvement – le roi n'aurait pas fui, il aurait été enlevé par la Contre-Révolution ! Elle n'avait plus confiance en Louis XVI, accusé de double jeu, mais redoutait cependant la marée populaire. Le 17 juillet, La Fayette faisait tirer sur les manifestants au Champ-de-Mars. Une fusillade meurtrière.

Pendant ce temps, Jeanne écrit de Londres à Louveciennes :

« Morin ira chez Messieurs le maire, le commandant général et le juge de paix pour les remercier de ma part et leur dire que je compte sur leur zèle et leur intérêt, que je pense que de concert avec mes gens, ils défendront les restes de mes propriétés, si elles étaient attaquées par des brigands, je me flatte qu'on en sera pas obligé d'en venir à cette extrémité et que la paix et la tranquillité renaîtra (*sic*). Je suis déjà assez malheureuse d'être éloignée de ma maison et de mes amis et dans un pays qui quoiqu'on puisse dire ne valant (*sic*) pas la France avant les troubles qui l'agitent.

« J'approuve le parti que Morin veut prendre pour mettre mes effets à l'abri du pillage. Il consultera M. le Duc. Mais il faudra bien prendre garde que personne ne s'en doute.

« J'avais fait dire à Fiston d'aller à Louveciennes pour aider Salenave à faire des confitures pour la provision de ma maison, je ne sais pas pourquoi il n'y a pas été, car je ne trouve pas qu'on les fasse bien chez moi, elles sont toujours trop cuites. Morin dira à Mlle Roussel de mettre toutes mes dentelles qui sont dans l'armoire de la chapelle, dans une malle à l'abri de toute espèce d'attaque, ainsi que ce qui est susceptible d'être volé ou brûlé. J'espère qu'on ne sera pas réduit à cette triste extrémité, mais enfin il faut tout prévoir. Je vois avec une peine mortelle que je resterai ici jusqu'au 14 août, parce que mes coquins de voleurs ne seront jugés qu'à la fin de ce mois… »

Voilà qui fait douter de l'inconscience que l'on prête à Mme du Barry. Jeanne certes « vit dans la minute présente comme si les tumultes de l'histoire ne pouvaient pas l'atteindre ». Elle est optimiste, comme beaucoup autour d'elle : la mort comme les accidents sont toujours pour les autres ! Optimiste mais non au point de ne pas prendre d'élémentaires précautions. Et, n'en déplaise à certains commentateurs, faudrait-il se priver de confitures, sous prétexte qu'on ne doit pas se préoccuper de pareilles choses en temps agité ? N'est-ce pas au contraire une façon de conjurer le mauvais sort, une forme même de courage très féminin que de maintenir la vie ordinaire au sein d'événements extraordinaires ?

Jeanne a fini par rentrer le 25 août, et toujours sans ses bijoux. Elle retrouve les bras de Brissac et la quiétude relative de Louveciennes.

Brissac a perdu toute illusion. Il sait qu'il sert une cause perdue en demeurant près d'un fantôme de monarque. Le 15 septembre, Louis XVI a juré de respecter la Constitution qui le prive de tout pouvoir. La monarchie absolue est morte. Brissac, malgré les conseils de ses amis, a refusé de suivre l'émigration qui prend chaque jour plus d'ampleur. Sa propre fille, la duchesse de Mortemart, a depuis longtemps suivi son mari au-delà des frontières. Mais, lui, sa place est auprès du roi, répète-t-il ; il le doit aux ancêtres de ce roi et aux siens propres.

Il faut feindre de vivre :

« Lundi 3 octobre 1791

« Mon petit dauphin est parti, je suis sans lunettes. Je vous écris donc un seul mot qui les renferme tous : je vous aime et pour la vie ; malgré les dieux et leur envie. Demain j'irai dîner chez vous, et vous mènerai Mme de Banville, l'abbé Billardy et M. le Goust. Nous avons fait huit lieues à cheval. Le roi a tué trois faisans et mon déjeuner a été un bon dîner. Je vous aime et je vous embrasse de tout mon cœur. »

Le roi a tué trois faisans et Mme du Barry a commandé au sculpteur Mouchy une statue pour son parc : *La Beauté qui désarme l'Amour*.

III

1792

« PARIS, écrit Chateaubriand, n'avait plus en 1792 la physionomie de 1789 et de 1790 ; ce n'était plus la Révolution naissante, c'était un peuple marchant ivre à ses destins, au travers des abîmes, par des voies égarées. L'apparence du peuple n'était plus tumultueuse, curieuse, empressée ; elle était menaçante. On ne rencontrait dans les rues que des figures effrayées ou farouches, des gens qui se glissaient le long des maisons afin de n'être pas aperçus, ou qui rôdaient cherchant leur proie : des regards peureux, baissés, se détournant de vous, ou d'âpres regards se fixant sur les vôtres pour vous deviner ou vous percer. »

Une véritable psychose s'était emparée de la capitale. On voyait des contre-révolutionnaires partout. La guerre déclarée au roi de Hongrie et de Bohême, le neveu de Marie-Antoinette, avait mal commencé. Les frontières étaient ouvertes à l'invasion... On accusait les généraux de vouloir négocier avec l'Autriche et les conseillers de la cour de préparer la victoire de l'ennemi sous la direction de la reine.

Il suffisait à présent d'une simple dénonciation pour que se profilât l'ombre de la machine de M. Guillotin, le moyen récemment adopté par l'Assemblée comme « plus rapide et plus humain » pour châtier les coupables de crimes contre la République, reconnus comme tels par la Haute Cour de justice installée à Orléans.

Le 29 mai, Jeanne passe une journée affreuse. L'Assemblée doit statuer, le soir même, sur la suite à donner à la dénonciation concernant le duc de Brissac, commandant en chef de la garde constitutionnelle [1] qu'elle venait de licencier comme suspecte.

Fébrile, Jeanne qui vient par Maussabré d'apprendre la nouvelle écrit au duc :

« J'ai été saisie d'une crainte mortelle, Monsieur le duc, quand on m'a annoncé M. de Maussabré ; il m'a assurée que vous vous portiez bien, que vous aviez le calme d'une conscience pure. Mais cela ne suffit pas à mon intérêt pour vous. Je suis loin de vous, j'ignore ce que vous allez faire ; vous me direz que vous l'ignorez vous-même. J'envoie l'abbé savoir ce qui se passe, ce que vous faites. Pourquoi ne suis-je pas près de vous ? Vous recevriez de moi les consolations de ma tendre et fidèle amitié. Je sais que vous n'avez rien à craindre, si la raison et la bonne foi régnaient dans cette assemblée. Adieu, je n'ai pas le temps de vous en dire davantage. L'abbé entre dans ma chambre, je veux vite le faire partir. Je ne serai tranquille que quand je saurai ce que vous devenez. Je suis bien sûre que vous êtes en règle sur la formation de la Garde du Roi, aussi je n'ai rien à redouter pour vous de ce côté. Votre conduite a été si pure depuis que vous êtes aux Tuileries qu'on ne pourra rien vous imputer. Vous avez fait tant d'actes de patriotisme qu'en vérité je ne sais pas ce qu'on peut trouver à redire. Adieu. Donnez-moi de vos nouvelles et ne doutez jamais de tout ce que j'éprouve.

Ce mercredi à onze heures. »

Sept heures du soir. Les députés sont entrés en séance dans la salle du Manège des Tuileries où ils siègent depuis le retour du roi à Paris.

« Je demande que l'Assemblée ne désempare pas avant d'avoir statué sur le décret d'accusation qui lui a été proposé contre M. Brissac », dit le président.

1. « Après l'acceptation de la constitution, on s'occupa de former la maison du roi, tant militaire que civile. Le duc de Brissac eut le commandement de la garde constitutionnelle qui fut composée d'officiers et de soldats choisis dans les régiments et de plusieurs officiers tirés de la garde nationale de Paris. Le roi était content des sentiments et de la tenue de cette troupe qui exista fort peu de temps » (*Mémoires* de Mme Campan).

Le débat s'engage, âpre. Le défenseur de Brissac tempête ; selon lui, l'accusation a été dictée par le ressentiment de quelques soldats chassés pour incompétence ou inconduite :

– Est-ce pour avoir admis quelques individus qui n'ont pas prêté le serment civique que l'on voudrait accuser M. Brissac ? Mais il n'y a aucune preuve de ce fait et je défie d'en fournir. Serait-ce pour avoir influencé l'opinion de contre-révolution que l'on attribue à la garde du roi ? Je dis qu'il n'y a encore aucune preuve de ce fait, pas même de présomption.

Des preuves des « manœuvres perfides de M. Brissac », il y en a à la pelle, lui rétorque-t-on, et « signées non par des personnes suspectes, mais par des hommes qui méritent la confiance de l'Assemblée nationale et qui sont recommandables par leur patriotisme ».

Le ton monte de part et d'autre. L'accusation s'acharne, emporte les indécis. La défense est réduite au silence. « Le sieur Cossé-Brissac, commandant de la garde soldée du roi, licenciée », sera déféré devant la Haute Cour nationale « comme prévenu d'avoir introduit dans cette garde un esprit contre-révolutionnaire, et d'avoir ainsi attenté à la constitution et à la sûreté de l'Etat ».

Il est une heure du matin. Le duc de Choiseul court aux Tuileries. Le roi et la reine sont couchés. La chose est assez grave pour oser les tirer du lit. « Réveillez le duc et engagez-le à fuir », dit le roi. Mais Brissac repoussera toutes les instances du messager et les moyens offerts pour s'évader.

« Hâtez-vous, monsieur, dans quelques heures il sera trop tard ! » supplie Choiseul. Brissac, très calme, refuse de le suivre et de se soustraire à ce qui l'attend : « Mon regret n'est pas de partir pour une prison, mais de laisser mon Roi prisonnier dans son palais. »

Cette résolution, Choiseul la sent inébranlable. Le temps qu'il lui reste, le duc de Brissac n'entend pas le perdre en vaines discussions. Choiseul l'a laissé devant son écritoire.

Maussabré, le jeune aide de camp du duc, a galopé jusqu'à Louveciennes, porteur de la longue lettre que Brissac avait passé la nuit à écrire. Jeanne l'a lue, à son réveil, le cœur serré. Ses propres lignes, si pleines de confiance, ne parviendront pas à leur destinataire : Brissac était déjà sur la route d'Orléans.

Jeanne ne vivait plus que dans l'attente des nouvelles que le fidèle Maussabré lui avait promis de lui faire parvenir au plus tôt. Elle les attendit deux jours.

« Paris, ce 2 juin à 3 heures du matin.

« Madame la Comtesse,

« Je m'empresse de vous envoyer une lettre de M. le duc de Brissac par laquelle vous apprendrez qu'il est parvenu au lieu de destination sans qu'il lui soit arrivé le plus petit événement. J'aurais été vous la porter moi-même si je n'étais chargé de plusieurs commissions importantes. Dès qu'elles seront faites, je me mettrai en marche pour aller vous informer de plusieurs particularités qu'il est bon que vous sachiez. En attendant, permettez-moi, Madame la Comtesse, de vous faire agréer l'hommage de mon respect, avec lequel j'ai l'honneur d'être votre très humble et très obéissant serviteur.

Maussabré. »

Parmi les « particularités » dont il était bon d'informer Mme du Barry figurait cette mise au secret à laquelle on avait soumis le duc de Brissac à son arrivée à l'ancien couvent des Minimes, qui servait aussi de prison dans une ville où l'on comptait déjà les détenus par centaines. Une mise au secret qui dura quinze jours, le temps que l'acte d'accusation – signé par le roi ! – parvienne à la Haute Cour. Brissac put alors occuper la chambre que lui avait cédée son ami, M. de Lessart, l'ex-ministre de la Marine, et y recevoir des visites.

Jeanne va alors se comporter en femme de prisonnier, courant à Orléans dès que possible, lui envoyant lettres et paquets si elle ne peut s'absenter de Louveciennes. Elle ne craint pas d'afficher ses sentiments pour le duc, ce qui fait soupçonner qu'elle partage aussi les opinions contre-révolutionnaires dont on accusait son amant. Les journaux jacobins lient déjà leur deux noms en réclamant la tête de Brissac, « ci-devant gouverneur de Paris, ci-devant commandant en chef des plaisirs de la du Barry et de la Garde du Roi, traître à la Nation… voilà qui s'appelle une bonne aubaine pour la Haute Cour nationale ! A qui pourra prévenir un accident et faire un petit Saint-Denis de M. Timoléon Cossé-Brissac, 12 000 livres » !

Jeanne est forte. Elle ne se laisse pas ballotter par les événements. Elle est convaincue que la Haute Cour ne tardera pas à affirmer l'innocence du duc et le libérera. Brissac montre la même confiance et elle se nourrit de son calme. Elle le voit rendre

↳ métaphore
syn. appropriation

courage à ses compagnons d'infortune, faisant aménager pour eux à ses frais un jeu de volant dans une salle délabrée. Dans sa chambre, il lit les livres qu'elle lui envoie, s'occupe paisiblement de géographie, commande même à un relieur de coller des cartes !

Les choses traînaient. La Haute Cour était débordée. La France révolutionnaire déversait chaque jour sur elle ses suspects. Plus nombreux maintenant que le roi avait renvoyé ses ministres girondins, mis son veto au décret de la déportation des prêtres réfractaires et à la formation, sous les murs de Paris, d'un camp de vingt mille gardes nationaux volontaires, les « fédérés ». On accusait Louis XVI de double jeu. S'il avait consenti à déclarer la guerre au neveu de la reine, absolutiste enragé, n'était-ce pas dans l'espoir de ressaisir le pouvoir à la faveur d'un désastre ?

Le 20 juin, le peuple avait envahi les Tuileries armé de piques et de haches, au cri de « Vive la nation ! A bas le veto ! ». Menacé et abreuvé d'injures et d'obscénités jusque dans son appartement, le roi n'avait pas bronché quand on l'avait coiffé du bonnet rouge. Il avait consenti à boire à la santé de la nation mais il avait maintenu son veto.

La manifestation avait échoué, Paris n'en était pas moins en effervescence. Lorsque, le 11 juillet, devant la menace de l'invasion prussienne, l'Assemblée décréta « la patrie en danger », la rue, appuyée par l'arrivée en masse des fédérés de province, appela à la déchéance de ce roi si incapable de défendre son royaume qu'il fallait en appeler au peuple.

L'ultimatum du duc de Brunswick à la ville de Paris « de se soumettre sur-le-champ et sans délai au Roi » sous peine d'une terrible répression, précipita les événements. La colère populaire ne connut plus de bornes devant cette preuve qui lui était donnée de la collusion du roi et des ennemis de la Patrie ! Paris était mûre pour l'insurrection.

Dans la nuit du 9 au 10 août, une Commune insurrectionnelle s'installa à l'Hôtel de Ville. Au matin, les insurgés marchèrent sur les Tuileries.

En apprenant la lutte qui avait ensanglanté les Tuileries, la victoire populaire et l'enfermement de la famille royale au Temple, Brissac comprend que l'heure était venue de rédiger son testament. Il institue sa fille, la duchesse de Mortemart, légataire universelle, laisse à ses deux neveux les terres de Brissac pour y assurer la continuité de la lignée. Jeanne est au cœur de ses préoccupations. Il recommande « ardemment » à sa fille « une personne qui lui est chère et que le malheur des temps peut mettre dans la plus grande détresse ». Il rédige un codicille à son testament :

« Je donne et lègue à Mme du Barry, de Louveciennes, outre et par-dessus ce que je lui dois, une rente annuelle et viagère de 24 000 livres, quitte et exempte de toute retenue, ou bien l'usufruit et jouissance pendant sa vie de ma terre de la Rambaudière et la Graffinière, en Poitou, et des meubles qui en dépendent, ou bien une somme de 300 000 livres une fois payée en argent, le tout à son choix. Je la prie d'accepter ce faible gage de mes sentiments et de ma reconnaissance, dont je lui suis d'autant plus redevable que j'ai été la cause involontaire de la perte de ses diamants. Je prie ma fille de le lui faire accepter, ma volonté étant qu'aucun de mes autres legs ne soit délivré avant que celui-ci ne soit entièrement accompli.

Ecrit et signé de ma main, à Orléans, ce 11 août 1792.

Louis-Hercule-Timoléon de Cossé-Brissac. »

Sur sa lancée, Brissac écrit deux lettres, l'une destinée à Mme de Mortemart. C'est l'adieu déchirant, pudique, d'un homme qui se penche sur son passé et voudrait le justifier aux yeux d'une fille chérie : ses infidélités n'ont jamais terni ni entamé son amour pour sa femme. Et ce qu'il n'ose sans doute dire à cette dernière, il en charge Pauline, leur lien le plus fort. La complexité des sentiments s'exprime ici en quelques lignes, avec une simplicité bouleversante :

« Pesant mes actions, je crois que le nombre des bonnes l'emportera sur celui des mauvaises. Votre mère que j'ai toujours tendrement aimée, ne sera pas fâchée de causer avec vous de moi ; elle me connaît parfaitement, elle m'a plaint, aimé, et moi aussi, je t'en assure, mon enfant ; que votre père soit encore quelque chose pour la mère et l'enfant ; adieu ; je vous aime et je vous embrasse tendrement toutes les deux ainsi que vos enfants. Vous embrasserez aussi votre mari pour moi. J'ai fait mon testament avec sang-froid, mes enfants. Je vous serre dans mes bras. »

La seconde lettre est pour Jeanne :

« Ce samedi 11 août, à Orléans, 6 heures du soir,

« J'ai reçu ce matin la plus aimable des lettres et celle qui depuis longtemps a plu davantage à mon cœur. Je vous en remercie. Je vous baise mille et mille fois. Oui, vous serez ma dernière pensée. Nous ignorons tous les détails. Ah ! cher cœur ! que ne puis-je être avec vous dans un désert ! Puisque je n'ai pu être qu'à Orléans, où il est fort fâcheux d'être, je vous baise mille et mille fois. Adieu, cher cœur. La ville est tranquille jusqu'à présent. »

Si cette lettre est émouvante, c'est par contraste avec la précédente. Elle est celle d'un amant qui s'essaie à la légèreté pour rassurer une maîtresse affolée – nous pouvons le deviner au *oui* de *« Oui, vous serez ma dernière pensée »*. Brissac ne veut pas laisser voir qu'il est habité par la prescience de sa mort ; aucune allusion dans ces quelques lignes, volontairement brèves, au testament qui la protégera. Sa lettre n'est pas une lettre d'adieu. *La ville est tranquille...* nous nous reverrons, mon cœur.

Se sont-ils revus ? On ne le sait pas. On peut en douter, car un drame s'est produit à Louveciennes. Le 19 août, une bande de gardes nationaux à la recherche de conspirateurs s'est livrée à une brutale perquisition. Ils ont découvert Maussabré, caché derrière un lit. Blessé lors de la tuerie du 10 août, le jeune homme avait trouvé refuge au château. Malgré les supplications de Jeanne, les sans-culottes l'ont embarqué.

Jeanne est devenue si suspecte que *Le Courrier français* peut publier sans invraisemblance la fausse nouvelle de son arrestation :

« La justice du peuple frappe également les traîtres qui se cachent sous le chaume et ceux qui se cachent sous les lambris dorés. Mme du Barry a été arrêtée à Louveciennes et elle vient d'être conduite à Paris. On s'est aperçu que cette vieille héroïne de l'Ancien Régime envoyait continuellement des émissaires à Orléans. On avait arrêté chez elle un aide de camp de M. de Brissac. On a pensé avec raison que ces fréquentes ambassades avaient d'autres objets que la galanterie à laquelle Mme du Barry doit enfin être tout à fait étrangère. Maîtresse et confidente de M. de Brissac, elle a partagé autrefois ses trésors et ses plaisirs. Elle partage peut-être aujourd'hui son ambition contre-révolutionnaire.

« Il sera piquant pour nos neveux d'apprendre que madame du Barry a été arrêtée presque dans le même temps qu'on abattait à Orléans la statue de la Pucelle ; cette arrestation a été faite dans la nuit du 30 au 31, vers les deux heures du matin. »

N'en déplaise au gazetier, à cette date et à cette heure-là, Jeanne dormait dans le calme de Louveciennes. La lecture de l'article, paru le 2 septembre, dut l'outrager autant sinon plus que l'inquiéter. Etre traitée de « vieille héroïne » ! Présumer qu'elle avait passé l'âge de « la galanterie » ! Voilà qui est affreux pour une femme aussi soucieuse de rester désirable que l'est Jeanne. Elle en oublie un instant la violente émotion qui secoue Paris à l'annonce, ce même jour, de l'investissement de Verdun par l'armée prussienne.

L'Ami du peuple sous la plume de Marat a appelé les Parisiens à l'égorgement des « ennemis du dedans ». Les Bonnets rouges envahissent les prisons. On y massacre partout, à la Force, à l'Abbaye, au Châtelet, à la Conciergerie, à la Salpêtrière, à Bicêtre… Le jeune Maussabré s'est échappé de sa cellule, il s'est jeté dans une pièce, hélas ! sans issue ; poursuivi par les égorgeurs, il a grimpé dans la cheminée, hélas, deux fois hélas ! celle-ci est grillagée. On a allumé de la paille et le malheureux, suffoqué par la fumée, est tombé aux pieds des massacreurs. On l'a achevé.

Le chevalier d'Escourt, autre aide de camp de Brissac, en a apporté la nouvelle à Louveciennes. Jeanne pleure son jeune messager d'Orléans qu'on avait arraché de ses bras pour un si terrible destin. Elle apprend en même temps que l'Assemblée, de crainte des excès sanguinaires de la Commune, a décidé le transfert des détenus d'Orléans au château de Saumur. Danton, ministre de la Justice, a signé le décret. Jeanne en est soulagée : à Saumur, le duc sera en sûreté.

C'était sans compter sur la tornade de haine qui balayait la France entière. La Haute Cour ne s'était pas encore prononcée, mais la populace d'Orléans avait déjà jugé et condamné les suspects. Elle entendait faire justice elle-même et sur-le-champ, devant la porte des prisons, d'où on venait les extraire. Le commissaire chargé du transfert était parvenu, à grand-peine, à calmer sa fureur. Mais lorsqu'elle vit que les chariots prenaient la direction de Saumur, elle se mit à hurler : *A Paris, à Paris !*

Le commissaire, impuissant cette fois à dominer le tumulte, a demandé au commandant des gardes nationaux de Paris « de faire son devoir », et de lui prêter main-forte. Ce dernier a haussé les épaules :

– Je ne suis pas plus que vous capable de contenir le peuple. Donnons-lui satisfaction. C'est la seule façon d'assurer la vie des prisonniers.

Dix-huit cents hommes en armes braillant des chants révolutionnaires entourent les sept chariots où s'entassent les cinquante-trois prisonniers. Six canons ferment la colonne pour impressionner le peuple ; ils ne tarderont pas à s'embourber. En tête, un certain Fournier, surnommé l'Américain, parade à cheval.

Le cortège a pris la direction de Paris, à la satisfaction de la foule, car elle sait que depuis deux jours on y massacre « les ennemis du dedans » ; ceux-là n'échapperont pas non plus à la justice populaire !

Arrivés à Etampes, le 5 septembre au soir, les gardes réclament deux jours de repos. Le 8, le cortège a repris la route et s'arrête à Arpajon pour y passer la nuit. Les prisonniers sont parqués dans les écuries du duc de Mouchy. L'histoire ne dit pas si Philippe de Noailles, retiré dans son château de Mouchy après le 10 août, vint aux écuries réconforter Brissac, son parent par alliance [1].

Au matin, ordre était donné de détourner le convoi sur Versailles.

Le fidèle Escourt, qui suit de près les événements, écrit à Jeanne :

« Les prisonniers d'Orléans arriveront demain à Versailles. On a envoyé deux commissaires de la Commune au-devant d'eux pour dire à la garde nationale qui les mène qu'elle a déjà enfreint la loi et qu'elle devient responsable de ce qui pourrait arriver aux prisonniers que l'on veut juger légalement. Il faut espérer qu'ils arriveront sains et saufs, et qu'en gagnant du temps, on sauve leur vie. L'Assemblée d'ailleurs, lassée de sang, se propose de donner une amnistie ; ce sacrifice n'est pas grand quand il n'y a pas de coupable.

« Il m'est arrivé des lettres d'Orléans pour des députés actuels, pour les prier d'aller au-devant des malheurs qui menaçaient les malheureux prisonniers qu'on avait à Orléans, qu'on égorgerait ici en arrivant. Je les ai toutes fait remettre tout de suite. Mme de

1. Duc de Mouchy, beau-frère de Catherine Cossé-Brissac, la maréchale de Noailles, tante du duc de Brissac.

Maurepas, instruite de la translation de M. le duc, voulait aller tout de suite à l'Assemblée. On l'a retenue. Elle a écrit à Danton et à l'abbé Fauchet. Mme de Flamarens et moi avons porté les lettres. Elles ont vivement intéressé l'abbé Fauchet [1]...

« J'ai l'âme et le corps accablés, et je ne serai tranquille que lorsque je saurai M. le duc à Versailles, si on peut passer. J'y enverrai, si je ne puis y aller. Envoyez-y de votre côté, mais surtout ménagez et évitez les démarches qui peuvent devenir publiques et vous nuire à l'un et à l'autre. »

Sage mise en garde. Escourt connaît bien Jeanne. Il la sait capable de se jeter dans la gueule du loup pour tenter de sauver Brissac.

« Mort aux seigneurs », hurle-t-on dans toutes les communes au passage des chariots, ce dimanche 9 septembre. Le sanguinaire Fournier, « l'Américain », déçu de ne pouvoir conduire les prisonniers à Paris et assister à leur massacre, a fait ameuter les patriotes par ses estafettes. Ainsi, profitant d'une halte à Marcoussis pour faire souffler les chevaux après l'effort fait pour désembourber les canons, quelques sans-culottes réussirent malgré l'escorte – ou avec sa complicité – à grimper sur l'un des chariots pour injurier et frapper le malheureux vieil évêque de Mende.

Midi. Une foule considérable et surexcitée attend sur la place d'Armes du palais de Versailles l'arrivée du convoi déjà engagé dans la rue des Chantiers [2]. Le duc de Brissac est dans le troisième chariot, debout, très droit, très calme. Il sait qu'on les mène à l'abattoir.

Le maire de Versailles, Hyacinthe Richaud, le comprend lui aussi. Il faut à tout prix éviter le massacre, changer de direction, emprunter la rue de la Surintendance [3] et gagner l'ancienne ménagerie du roi. Les cages y sont vides. Derrière les barreaux, les prisonniers seront l'objet du mépris haineux qu'on déversera sur eux, mais au moins ils seront à l'abri du pire.

---

1. Après avoir été un des plus virulents dénonciateurs des émigrés et des contre-révolutionnaires, l'abbé Fauchet, député de la Législative puis de la Convention, sembla avoir changé de vues politiques ; il se récusera comme juge au procès de Louis XVI.
2. Rue des Etats Généraux.
3. Aujourd'hui, rue de l'Indépendance américaine.

La grille est fermée ! La troupe est désemparée : où aller ? Elle reflue dans la plus grande confusion par la rue de l'Orangerie. Derrière elle la foule s'est élancée, hurlant à la mort. Fournier et ses hommes détalent. Au coin de la rue de l'Orangerie et de la rue Royale les émeutiers se ruent sur les chariots.

Brissac est décidé à défendre chèrement sa vie. Il a arraché un bâton des mains d'un assaillant, et, comme un géant de légende, le fait tournoyer, assomme qui s'approche. Mais les piques qui l'attaquent sauvagement sont trop nombreuses. Il a bientôt le visage en sang. Aveugle, toujours debout, il continue à frapper jusqu'au coup de sabre mortel qui a enfin raison de son courage et de sa vigueur. C'est alors la curée. On lui arrache le cœur. Ce cœur qui ne battait que pour son roi et sa maîtresse. Ce cœur, on le promènera toute la journée à travers Versailles avec des hurlements de victoire.

La soir est tombé. Jeanne à Louveciennes attend dans l'angoisse. Sur le conseil de d'Escourt, elle a ce matin envoyé un domestique à Versailles. Il ne revient pas. Elle ne tient plus en place, allant d'un fauteuil à la fenêtre, guettant son retour.

Soudain, dans le parc, des torches, des cris, le chant terrible du *Ah ! ça ira.* Une troupe en haillons s'approche du perron en se bousculant. Au bout d'une pique, un trophée sanglant. La tête du duc de Brissac…

On écrira, sur la foi du *Courrier français* du 15 septembre, que la tête du duc a été jetée avec des injures dans le salon, au pied de la du Barry.

La scène est théâtrale, mais on à peine à croire à sa véracité. Comment ce geste aurait-il pu s'accomplir ? Et aurait-il suffi à ces citoyens avinés ? S'ils avaient pu pénétrer dans le château, ne se seraient-ils pas livrés à des déprédations ? Ou pis, s'en prendre à Mme du Barry elle-même ? Faut-il alors se contenter d'imaginer un carreau brisé à l'endroit précis où se trouvait la comtesse ? Cela est peut-être possible. La tête du malheureux Brissac n'a-t-elle pas plutôt été brandie sous les fenêtres de Jeanne – comme, le 3 septembre, celle de la princesse de Lamballe promenée au Temple sous celles de sa chère Marie-Antoinette – puis jetée comme une ordure, n'importe où dans le parc de Louveciennes… L'historien Vatel fait état de la découverte tardive dans le jardin d'un crâne enterré près du chemin qui conduit à Prunay. Si la tête de son amant avait vraiment roulé à ses pieds, Jeanne ne s'en serait pas débarrassée avec aussi peu de piété !

Sa peine est affreuse. Elle l'écrit à un ami : « Depuis ce jour, Monsieur, je suis dans un état de douleur qu'il vous est aisé de concevoir. Le voilà donc consommé ce crime effroyable qui me rend si malheureuse et qui me livre à des regrets éternels ! Au milieu des horreurs qui m'environnent, ma santé me soutient. On ne meurt pas de douleur... »

Non, on ne meurt pas de douleur quand on est Jeanne du Barry. Sa vie est chevillée au corps. Mais elle souffre. « Personne n'a senti plus que moi, Madame, écrit-elle à la duchesse de Mortemart, l'étendue de la perte que vous venez de faire. Je me flatte que vous ne vous êtes pas méprise sur le motif qui m'a empêchée de vous en faire plus tôt mon triste compliment en mêlant mes larmes aux vôtres. La crainte d'augmenter votre juste douleur m'a empêchée de vous en parler. La mienne est à son comble. Une destinée qui devait être si belle, si glorieuse ! Quelle fin ! Grand Dieu ! Le dernier vœu de votre malheureux père, Madame, fut que je vous chérisse en sœur. Ce vœu est trop conforme à mon cœur pour qu'il ne soit pas rempli. Recevez-en l'assurance et ne doutez jamais des sentiments qui m'attachent à vous pour le reste de ma vie. »

Les mauvais esprits penseront que Mme du Barry a tout intérêt à se rapprocher de la fille de Brissac dépositaire du testament de son père. C'est là une bien mauvaise pensée. Les rapports de Jeanne et de Pauline de Mortemart ont toujours été confiants. C'est à Jeanne que Pauline, affolée, à écrit de Spa, au lendemain de l'arrestation du duc. Et, de même, elle répond sans tarder à ses condoléances :

« C'est ce matin, Madame, que j'ai reçu votre lettre du 21 septembre. Je dois vous remercier du bien qu'elle m'a fait en diminuant un peu le serrement de mon cœur, et me faisant verser des larmes. J'ai eu vingt fois la plume à la main pour vous parler de ma douleur, pour vous dire que mon cœur était déchiré, brisé, que depuis le jour fatal où il quitta Paris, j'ai souffert, je souffre plus que je ne puis vous l'exprimer. Mais j'ai cru prudent de différer de vous écrire jusqu'à ce que je pusse renfermer quelques-uns des sentiments de mon cœur, d'un cœur qui voudrait s'épancher dans le vôtre qui partage si bien les sentiments du mien.

« Le dernier vœu de celui que j'aime et regretterai toujours est celui de mon cœur : je vous aimerai en sœur et mon attachement pour vous ne finira qu'avec ma vie. Le moindre de ses désirs sera un ordre sacré pour moi ; je voudrais pouvoir exécuter tous ceux qu'il a eus ou dû avoir dans ses derniers moments, et je n'épargnerai rien pour les accomplir. »

Voilà de quoi rassurer Mme du Barry, diront encore les cyniques ! Et, de fait, Jeanne a de lourds soucis financiers qu'aggrave la disparition de Brissac, toujours prêt à lui venir en aide. Non seulement l'interminable et coûteux procès engagé pour récupérer ses bijoux n'est pas encore réglé, mais encore Jeanne se voit menacée d'un second. Le bijoutier qui a permis l'arrestation de ses voleurs réclame la récompense promise de 2 000 livres. En outre, Forth, qui n'a pas agi pour ses seuls beaux yeux, exige le paiement de ses honoraires. Il faut donc à Jeanne oublier son chagrin.

C'est sur un océan d'illusions qu'elle s'embarque pour l'Angleterre, quelques semaines après l'assassinat du duc de Brissac. La Convention qui vient de succéder à la Législative a voté le 22 septembre la mort de la monarchie et proclamé l'An I de la République. C'en est fini de la Révolution ! Les cœurs sont en fête.

Jeanne a néanmoins pris ses précautions. Elle part munie d'un passeport en règle signé par le ministre des Affaires étrangères ; sur le conseil de ce dernier, elle a avisé la municipalité de Louveciennes :

« Depuis que j'ai le bonheur de vivre sous vos yeux, vous avez bien voulu, messieurs, reconnaître qu'en toute occasion j'avais donné des gages de mon civisme et de mon respect pour les lois ; je me flatte que par le même esprit de justice, vous voudrez bien recevoir la présente déclaration par laquelle je ne passe point en Angleterre pour abandonner ma patrie et ma résidence ordinaire, mais que je suis forcée de me rendre à Londres pour y terminer un procès duquel dépend le recouvrement des effets précieux que vous savez qui m'ont été volés et qui composent la principale partie de ma fortune ainsi que le seul gage qu'aient mes créanciers. Je déclare en même temps que je prends l'engagement le plus formel de rentrer en France aussitôt que mon procès sera terminé. »

Pour faire bonne mesure, elle a adressé une lettre dans les mêmes termes au président de la Convention. Qui soutiendra encore que la du Barry est une tête folle ?

Le 14 octobre, elle est à Londres, accompagnée de la duchesse de Brancas et de La Bondie, le neveu du chevalier d'Escourt. Pauline de Mortemart viendra la rejoindre dans l'élégant garni qu'elle a loué Burton Street, le quartier des émigrés. On voit chez elle presque tous les soirs le marquis de Bouillé [1] dont le père, également émigré, était depuis longtemps l'amant de la duchesse de Brancas. Le marquis, qui ne l'avait pas connue au temps de sa splendeur, découvrait avec curiosité et admiration « la trop fameuse Mme du Barry » :

« Quoique la fraîcheur et le premier éclat de ses charmes eussent déjà disparu depuis longtemps, il en restait encore assez de traces pour laisser concevoir l'effet qu'ils avaient dû produire. On retrouvait ses grands yeux bleus pleins de la plus douce expression, ses beaux cheveux d'un blond châtain, sa jolie bouche, la forme arrondie de son visage, dont le teint échauffé ne détruisait pas l'agrément ; cette taille noble, élégante, qui, malgré un peu d'embonpoint, avait encore de la souplesse et de la grâce ; enfin ces formes voluptueuses que déguisait peu sa toilette, surtout celle du matin. Son ton n'avait rien de commun et encore moins de vulgaire ; sans avoir un esprit brillant, elle n'en manquait point autant qu'on s'est plu à le dire et sa bonté ainsi que sa simplicité eussent pu porter d'ailleurs à y faire moins d'attention. »

Ces soirées ne sont pas gaies. Si avec Pauline de Mortemart Jeanne ne s'entretient guère que de Brissac, mêlant leurs pleurs, elle verse aussi « des larmes aussi sincères que continuelles », note le marquis de Bouillé qui s'en déclare « étonné et touché », sur le sort du roi et de la reine qui l'avaient pourtant « l'un et l'autre traitée si durement à leur avènement au trône ».

---

1. C'est pour rejoindre l'armée du marquis de Bouillé concentrée à Montmédy et à Metz que la famille royale avait fui Paris en juin 1791. L'échec du plan de Varennes avait forcé Bouillé à passer la frontière, mais refusant de servir dans l'armée des princes et des souverains étrangers, il s'était réfugié en Angleterre.

IV

1793

LOUVECIENNES sous scellés ! Jeanne crut se trouver mal, le 27 février, à la lecture de la lettre de son fidèle Morin accompagnant le procès-verbal de l'apposition des scellés « sur tous les meubles, titres et effets de la femme du Barry » ordonnée par l'administration du district de Versailles sur requête du procureur syndic. Une mesure conservatrice pour assurer à la fois « ses droits et ceux de la nation ». Morin était commis comme gardien.

Rien ne saurait retenir Jeanne à Londres quand il s'agit de Louveciennes. Il lui faut y revenir sans délai. Pour quitter l'Angleterre à laquelle la Convention vient de déclarer la guerre, un passeport est nécessaire. Elle le sollicite du Premier ministre.

– Rentrer en France ? Vous n'y songez pas ! Quelle folie ! s'exclame Pitt.

L'exécution de Louis XVI, le 21 janvier, avait soulevé en Grande-Bretagne un cri d'horreur et d'indignation. Une campagne virulente contre la République régicide dénonçait ses cruautés à l'égard de tous ceux qu'elle soupçonnait de ne pas adhérer à sa « croisade pour la liberté universelle », cette guerre du peuple contre les rois qui lui faisait braver l'Europe tout entière, et ses violences envers ceux qu'elle accusait « d'incivisme » parce qu'ils ne se pliaient pas à ses lois.

Sait-elle, madame la comtesse du Barry, « veuve » du duc de Brissac, amie des émigrés de Londres, dans quel guêpier elle va se fourrer en France ? Quel climat de suspicion et de haine elle devra affronter ?

« Je me suis engagée sur l'honneur à rentrer en France », répond noblement Jeanne, quand en vérité ce qui la taraude, c'est le sort de Louveciennes et des trésors que sa demeure recèle encore, si jamais elle choisissait de demeurer en sécurité à Londres.

– Le sort de Regulus vous y attend, soupire Wiliam Pitt.

Jeanne ignore tout du sort de Regulus, mais au ton du Premier ministre elle devine qu'il lui prédit le pire.

Le pire, elle ne veut pas y croire. Bien au contraire elle est persuadée qu'elle n'a rien à craindre. Quelle plus belle preuve de patriotisme pourrait-elle donner que ce retour au bercail ?

Ce n'est pas sans regret que le séduisant et séducteur William Pitt voit s'éloigner la jolie femme devenue le principal attrait des salons londoniens. En souvenir, elle emporte la médaille frappée à l'effigie du Premier ministre que ce dernier lui a offerte. Que ne l'a-t-elle oubliée à Londres !

Pitt avait raison. Louveciennes n'était plus Louveciennes, la paisible communauté rurale que Mme du Barry avait laissée en octobre 1792. Un certain Greive se prétendant homme de lettres s'était installé au village, en s'intitulant « défenseur officieux des braves sans-culottes de Louveciennes, ami de Franklin et de Marat... ». D'officieux, il était devenu officiel après le récent décret de la Convention, qui donnait aux sans-culottes des pouvoirs considérables en constituant, dans les communes, des comités de surveillance chargés de délivrer les certificats de civisme, faire respecter les lois révolutionnaires et rechercher les suspects. C'est ce Greive qui avait obtenu l'apposition des scellés. Jeanne, dès son retour, s'adresse au Directoire du département de Versailles :

« Louveciennes, ce 27 mars 1793

« Citoyens administrateurs,

« La citoyenne de Vaubernier du Barry est très étonnée qu'après toutes les promesses qu'elle vous a fournies des raisons qui l'ont forcée d'aller en Angleterre, vous l'ayez traitée comme émigrée. Avant son départ, elle vous a communiqué la déclaration qu'elle avait faite à sa municipalité. Vous l'avez enregistrée dans vos bureaux. Vous savez que c'est le quatrième voyage qu'elle est obligée de faire, toujours pour le même motif.

« Elle espère que vous voudrez bien faire lever les scellés qui ont été apposés chez elle contre toute justice, puisque la loi n'a jamais défendu de sortir du royaume à ceux que des affaires particulières et pressantes appellent en pays étranger. Toute la France est instruite du vol qui lui a été fait dans la nuit du 10 au 11 janvier 1791, que ses voleurs ont été arrêtés à Londres ; qu'elle y a eu une procédure suivie dont le dernier jugement n'a été rendu que le 28 février, ainsi que l'atteste le certificat ci-joint. »

Le 29 mars, n'ayant pas eu encore de réponse, Jeanne s'impatiente. Elle envoie Morin à Versailles. Aucune porte ne s'ouvre pour lui au Directoire. Il faut frapper plus haut. Par bonheur, son amie, la princesse de Rohan-Rochefort, réside à Versailles et est en mesure d'intervenir auprès de l'actuel vice-président du Directoire, M. de Lavallery. Jadis secrétaire de Maupeou, Lavallery n'a jamais approché la favorite de Louis XV, mais il a pu l'admirer de loin. On peut être républicain et sensible à la beauté ! Il s'empresse de répondre :

« Citoyenne,

« Je me ferai représenter le plus tôt possible votre demande dont le succès ne me paraît pas devoir éprouver de grandes difficultés, vu la notoriété de vos absences, si vous avez eu surtout le soin de joindre à votre mémoire les pièces justificatives telles que vos passeports ou leurs copies certifiées, certificat de résidence, etc. Soyez convaincue que s'il est du prix à mon travail, vous avez droit à le faire naître. Votre sexe vous donne le droit à la tranquillité, et votre amabilité… Mille pardons, citoyenne, un républicain et un inconnu ne doivent parler que la langue des affaires. Agréez l'assurance de mon respect et de tout l'intérêt que vous avez droit d'inspirer. »

Cette lettre est datée du 17 mai ; il aura fallu à Jeanne tout ce temps et quelques jours encore pour retrouver l'illusion de la tranquillité, voire du bonheur qu'elle ne cesse de rechercher et qui a pris un nouveau visage, celui de Louis-Antoine de Rohan-Chabot. Ils ont ensemble versé des larmes sur la mort affreuse de Brissac dont le prince de Rohan était l'ami. « Elle pleurait sur son épaule et s'est retrouvée dans ses bras », ricaneront certains. Jeanne ne prétend pas à la vertu, ni même à en donner hypocritement l'image pour plaire aux moralistes. Jeanne est femme, chacune de ses amours a ses couleurs propres, elles ne se superposent pas, l'une effaçant l'autre, elles sont comme les éléments d'une mosaïque à la gloire d'Eros. A cinquante ans, elle règne encore, et nul ne s'en étonne, sur un cœur qui ne bat que pour elle. Cet amour-là, qui sera le dernier, n'est que dévotion à une divinité. L'amant implore d'elle un de ces portraits que Mme Vigée-Lebrun a faits d'elle pour Brissac, non « le grand, délicieux et d'une ressemblance ravissante », il aurait cru trop indiscret de le choisir, dit-il, mais un qu'il « puisse porter sur lui et ne le quitte jamais ».

Il n'est pas permis à Jeanne de s'endormir dans une illusoire quiétude. Une lettre de Londres la rappelle à la réalité :

« ... Le procès est ruineux. Le change est ruineux : pour mille livres en assignats à Paris on obtient quatre cent-quarante livres à Londres. Les diamants se vendent plus mal que jamais et vous ne pourrez les posséder qu'en revenant vous-même lever les scellés.

« Il est nécessaire que vous commettiez sur tout cela un banquier ou un homme d'affaires très honnête, car il ne faut pas abîmer votre fortune qui va être suffisamment écrasée, je suppose, par le projet d'impôt proportionnel qui loin d'enrichir le peuple l'abîmera, car il est bien prouvé que le pauvre vit du superflu des riches et moins il y aura de riches plus il y aura de pauvres. Tout cela est bien reconnu par les personnes qui ont réfléchi sur cet objet. C'est une vraie loi agraire sous un autre nom... »

Sur ces pertinentes réflexions, le correspondant londonien de Jeanne conclut : « La France est plus agitée que jamais. Les nouvelles d'aujourd'hui sont alarmantes. Quand nos malheurs finiront-ils ? Pourrons-nous jamais espérer le bonheur ? » Pessimisme justifié. Six jours plus tard, 80 000 sans-culottes en armes assiégeaient la Convention. La victoire populaire consacrait la chute des Girondins et la dictature montagnarde avec son mot d'ordre : sus aux « possédants », aux « gros », aux « riches », aux « égoïstes » !

Pour assombrir le ciel de Jeanne, arrive à Louveciennes le nommé Blache, expulsé d'Angleterre comme espion et nommé agent du Comité de sûreté générale [1] par le gouvernement

1. Le 6 avril 1793, un organisme exécutif provisoire, le Comité de salut public, avait été créé à l'instigation du parti montagnard pour faire face au péril encouru par la Révolution. Composé à cette époque de neuf membres, choisis par la Convention et délibérant en secret, il avait sous son autorité le Tribunal

révolutionnaire. Blache prend contact avec Greive et son comité de surveillance. Il apporte de l'eau à leur moulin avec le dossier qu'il a constitué à Londres sur la comtesse du Barry. Greive, qui n'a pas digéré la levée des scellés que Jeanne avait obtenue, adresse contre elle à la Commune une pétition signée de trente-neuf habitants.

« Les politiques de clocher, a écrit un historien de la Révolution française, se confondent avec les affaires nationales, réveillant les vieilles haines personnelles. » Il en est ainsi dans les époques en révolution. Toute « épuration » donne lieu à de sordides règlements de comptes. Les exemples ne manquent pas ! Jeanne en tout cas en a fait les frais. Parmi les membres du comité de surveillance, on voit l'un de ses domestiques renvoyé pour indélicatesse. On y compte aussi, et pour Jeanne c'est sans doute le plus pénible, Zamor, son inséparable Zamor, l'enfant noir ramené en Europe par un capitaine anglais, qu'elle avait recueilli à Versailles en 1769, fait instruire, baptisé, « chouchouté », le traitant, il est vrai, comme un jouet favori. Rien n'était trop beau pour le vêtir ou plutôt pour le déguiser – on l'avait vu en costume de hussard « cannelé rose, garni d'argent » et même en matelot ! Il paraissait partout où elle allait, couvert de paillettes, de perles, de pendants d'oreilles, de bracelets, de colliers. Jeanne avait jadis dépensé pour lui une fortune et, par jeu, elle l'avait nommé « Gouverneur de Louveciennes ».

C'est de ce même Zamor que Greive détenait ses précieux renseignements sur la fortune de Mme du Barry et le moyen de pouvoir se l'approprier au moins en partie.

La Convention, sous la pression populaire, avait conçu un texte ordonnant aux autorités, dans toute l'étendue de la République, de mettre en état d'arrestation « toutes les personnes notoirement suspectes d'aristocratie et d'incivisme », afin d'accélérer les procédures. Le décret n'avait pas encore été officiellement promulgué ; mais Greive en obtint le texte des administrateurs du département auxquels il avait fait adresser une pétition signée de trente « bons

---

révolutionnaire, où l'accusateur avait le pouvoir de « faire arrêter, poursuivre, juger tout prévenu d'attentat contre la République » sur simple dénonciation, et le Comité de sûreté générale chargé de rechercher les suspects.

citoyens » de Louveciennes soucieux du péril royaliste que pouvait encourir le département en ce temps d'insurrection en Vendée et des mesures à prendre pour le conjurer. On peut penser que les trente-neuf villageois n'imaginaient pas en la signant quelles conséquences aurait cette pétition pour leur châtelaine.

Dès que Greive eut le décret en main, il convoqua la Commune de Louveciennes afin d'établir une liste des suspects à arrêter. Le nom de Mme du Barry y figurait naturellement en premier.

Jeanne, alertée, dépêche Morin et La Bondie au District pour prévenir à temps son arrestation. Le commissaire fait assembler les membres de la Commune et tonne : De quel droit s'apprêtent-ils à arrêter la citoyenne du Barry ?

– Le décret du 2 juin…, bredouille le maire.

– Ce décret n'a pas été publié. J'attends moi-même pour son exécution les amendements qu'on doit y porter. Rentrez chez vous et laissez la citoyenne en paix !

C'est le deuxième camouflet que subit Greive, mais il lui donne une raison de plus de ne pas lâcher sa proie. Blache, l'agent de la Sûreté générale, écrit sur-le-champ à l'un des membres du département pour s'indigner qu'on ait délivré un certificat de résidence à une créature dont il est à même de révéler les agissements :

« Qui mieux que moi, qui mieux que Greive, Anglais demeurant à Louveciennes, qui mieux que tous les Français qui sont à Paris, obligés comme moi de sortir d'Angleterre par patriotisme, ont connu la vie de la Dubarry (*sic*) à Londres ?…. Mandez à votre comité secret Ledoux, maire de Louveciennes et Olliveront, officier de la même commune. Ils vous diront ce qu'ils ont entendu chez la du Barry. Transportez-vous chez elle et vous jugerez la maison. Les emblèmes de la royauté partout arrachés, partout détruits, tous ces objets y sont précieusement conservés. »

Le maire, mis en cause, redoute d'être convaincu de tiédeur, une accusation aux conséquences dangereuses, et puis il y a ce malheureux certificat de résidence qu'il a peut-être imprudemment délivré ; aussi se décide-t-il, le 1er juillet, à arrêter la citoyenne du Barry. Faute de prison à Louveciennes, elle restera chez elle, gardée à vue.

Jeanne ne se laisse pas faire. Qu'on la conduise à Versailles s'expliquer devant le Directoire ! Elle y arrive escortée des gardes nationaux de Louveciennes. Il est sept heures du soir, les administrateurs ont quitté leur bureau. Qu'à cela ne tienne, qu'on aille les chercher ! Etrangement, les membres du Directoire se plient à cette séance supplémentaire.

– En raison des graves dénonciations portées contre la citoyenne, j'ai pensé de mon devoir de la mettre en état d'arrestation chez elle ainsi que toutes les personnes de sa maison, explique le maire.

– Ces dénonciations ne sont que calomnies, proteste Jeanne.

Et de rappeler, une fois de plus, les raisons de ses voyages à Londres.

– On m'accuse de comploter avec les royalistes, ajoute-t-elle, mais n'ai-je pas donné de l'argent pour armer les volontaires de Louveciennes qui s'en vont combattre en Vendée ?

– Cela est vrai. Toutefois, la citoyenne fait l'objet d'une dénonciation à la Convention, dit le maire désireux de justifier son initiative.

Greive a en effet, le même jour, adressé au plus haut niveau une nouvelle et virulente dénonciation au nom des « braves sans-culottes de Louveciennes ».

A cette annonce, Jeanne, qui croyait que l'affaire ne dépasserait pas Versailles, reste sans voix. En revanche, les administrateurs, en bons Ponce Pilate, ne sont pas fâchés d'en être débarrassés. Ils conviennent que Mme du Barry restera consignée chez elle « jusqu'à ce que la Convention nationale ait prononcé sur les faits dont il s'agit ».

L'émotion est grande dans la commune. Madame du Barry ! Arrêtée ! On commence à s'inquiéter du despotisme de Greive, « un étranger », et de son comité révolutionnaire, un ramassis de gens douteux. Madame du Barry, on la connaît bien, depuis le temps. Qui n'a pas bénéficié, un jour ou l'autre, de sa bonté ? Tout ce qu'on raconte d'elle est sûrement faux, en tout cas exagéré ! Une pétition circule en faveur de la bonne dame de Louveciennes. Cinquante-neuf habitants la signent et l'adressent à la Convention.

De son côté, Jeanne reprend la plume, écrit au Comité de sûreté générale, envoie La Bondie à Paris. Pétition, lettres et démarches portent leurs fruits : le Comité de sûreté générale, après en avoir délibéré, a décidé de renvoyer le dossier au Directoire.

Sur les résultats de l'enquête diligentée par Lavallery en personne, la Sûreté générale rend le 9 août son arrêt : il n'y a rien à reprocher à la citoyenne du Barry !

Jeanne est épuisée mais heureuse. Après ce mois de juillet éprouvant, le combat est enfin terminé. Définitivement ! Sur sa lancée, elle écrit à un membre du Comité de sûreté générale : « J'étais bien persuadée, monsieur, que ma cause étant entre vos mains, j'obtiendrais la justice qui m'est due. J'attendais avec bien de l'impatience qu'elle fût terminée pour vous faire mes remerciements. M. de La Bondie ne m'a pas laissée ignorer avec quel zèle vous avez embrassé ma défense. Je m'estimerais bienheureuse si jamais je puis trouver des occasions de vous en témoigner ma reconnaissance. Aujourd'hui que vous n'êtes plus mon juge et que je n'ai pas à craindre qu'on me soupçonne d'avoir capté votre suffrage, j'espère que vous voudrez bien me fournir les occasions de faire connaissance avec vous et de vous remercier de vive voix. Si le lieu que j'habite peut exciter votre curiosité, j'aurai un vrai plaisir à vous y recevoir… »

Lettre compromettante, s'il en est, pour son destinataire autant que pour son auteur. Dans son euphorie, Jeanne néglige que, pour sauver la Révolution, le gouvernement montagnard est en marche vers la Terreur.

« Fédéralistes » dressés contre le dirigisme parisien, royalistes soutenant les armées de la coalition qui ont forcé les frontières, les trois quarts de la France sont en armes en ces mois de juillet-août. Pour résister à la tourmente, au Comité de salut public, Robespierre et ses amis ont remplacé Danton et les siens jugés trop mous.

Greive sait dès lors que la partie n'est pas perdue. Il publie un pamphlet : *L'Egalité controuvée, ou Petite Histoire de la Protection, contenant les pièces relatives à l'arrestation de la du Barry.* Ce texte virulent reprend, en les complétant de détails nouveaux, ses chefs d'accusation et dénonce l'attitude trop complaisante de certains administrateurs et de celui qui avait à Paris volé au secours de *cette tête sacrée.* Le libelle se terminait par un appel à l'exécution de la du Barry : *Mort à la courtisane de Louveciennes, à la bacchante couronnée de lierre et de roses !*

Le pamphlet de Greive a un effet immédiat sur les habitants de Louveciennes, choqués cette fois par les « révélations » qu'il contient. Le revirement espéré par le comité révolutionnaire ne se fait pas attendre. Jeanne ne peut sortir de chez elle sans être couverte d'injures.

Elle accuse le coup et écrit à Versailles : « Jusqu'ici, citoyens, des agitateurs avaient fait de vains efforts pour troubler ma tranquillité ; j'avais à leur opposer ma conscience et votre équité, bien convaincue que j'avais en elle un rempart assuré contre leur malveillance. Ils ont imaginé d'autres moyens pour me tourmenter… »

Lavallery répond en personne à son appel au secours. Il vient à Louveciennes l'engager à se retirer à Versailles sous la protection du Directoire, car à Louveciennes il ne peut rien pour elle. Sous la pression populaire, la Convention a décrété des mesures de salut public ; désormais, depuis le 17 septembre, la *loi des suspects* autorise les comités de surveillance à arrêter, sur simple dénonciation, tous ceux qui, « soit par leur conduite, soit par leurs propos ou leurs écrits, se sont montrés partisans de la tyrannie ou du fédéralisme et ennemis de la liberté ».

Aller à Versailles ? Jeanne hésite. La première semaine de septembre, elle a pu envisager de répondre à l'invitation pressante du prince de Rohan :

« Venez donc, cher amour, passer deux jours ici, venez dîner chez moi avec qui vous choisirez ; venez me procurer quelques instants de bonheur, il n'en est plus qu'avec vous ; répondez-moi sur tout ce que je vous demande ; venez voir un moment qui vous aime au-delà de tout, par-dessus tout jusqu'au dernier moment de sa vie : je baise mille fois le portrait de la plus charmante des femmes qu'il y ait au monde et dont le cœur si bon et si noble mérite un attachement éternel. »

Aujourd'hui, son absence risquerait de fournir un prétexte à des visites domiciliaires et faciliter la tâche de tous ceux qui convoitent ses biens. Elle renonce à s'éloigner, fût-ce pour quelques heures.

La visite de Lavallery a surexcité le comité de Greive qui s'est rendu auprès du comité révolutionnaire de Versailles. Pour n'être pas en reste, Blache, en sa qualité d'agent, a envoyé au Comité de sûreté générale une nouvelle dénonciation impliquant Lavallery et trois autres membres du département.

Le Comité de sûreté générale, dont les membres ont été entièrement renouvelés, défait le 20 septembre ce que le précédent avait arrêté en août :

« La femme nommée Dubarry, demeurant à Louveciennes, sera arrêtée et conduite à la maison de Sainte-Pélagie à Paris pour y être détenue par mesure de sûreté générale comme suspecte d'incivisme et d'aristocratie. Les scellés seront mis sur ses effets, perquisition sera faite sur ses papiers ; ceux qui seront suspects seront apportés au Comité de Sûreté générale. Commet pour l'exécution du présent arrêté le citoyen Greive qui est autorisé à requérir tel officier d'état civil et de justice nécessaire qu'il écherra et même la force armée si besoin est ; au surplus le citoyen Greive fera arrêter et conduire à Paris pour être enfermées, par mesure de sûreté générale, dans la maison de la Force, toutes les personnes qui se trouveront à Luciennes [1], chez ladite Dubarry, au moment de l'exécution du présent arrêté.

signé Boucher-Saint Sauveur, Amar, Vadier, Panis. »

22 septembre. Greive, flanqué du maire et de deux sans-culottes, surgit à Louveciennes. Tandis que le maire signifie son arrestation à « la femme Dubarry » qui ne peut y croire, Greive et ses sbires font main basse sur les papiers. Tout leur est bon, brochures, correspondance officielle ou intime… Jeanne en furie tente de les leur arracher des mains. Des lettres versées au dossier porteront la marque de cette résistance.

La perquisition terminée, les scellés apposés, on embarque la prisonnière dans la voiture publique. Quelques instants plus tard, près de la machine de Marly, Greive remarque un cabriolet abandonné. L'idée d'un marchandage lui a sans doute traversé l'esprit, car ce n'est sûrement pas par délicatesse, pour lui rendre le voyage plus confortable, qu'il fait monter Jeanne dans le cabriolet. Que s'y est-il passé ? On l'ignore mais on a tout imaginé. Jeanne qui de toute sa vie n'avait jamais accordé ses faveurs qu'aux marquis, aux comtes, aux ducs et… au roi, même lorsqu'elle n'était que la Beauvernier, aurait-elle pu s'abandonner à un Greive, fût-ce pour récupérer des papiers compromettants, et ce d'autant qu'elle était persuadée que son arrestation était un malentendu ? Il est difficile de le croire.

Les portes de Sainte-Pélagie se sont refermées sur Jeanne. Une Jeanne sans argent ni bagages. Elle se doute que l'erreur qui l'a

1. Luciennes ou Lucienne pour Louveciennes, les deux appellations figurent dans les documents officiels et même dans les lettres de Mme du Barry ou dans sa bouche.

conduite là mettra un certain temps à être réparée ; aussi, écrit-elle ses ordres à Louveciennes :

« Donnez-moi des nouvelles de ceux qui sont restés, si on a mis les scellés partout chez moi, si les habitants ont fait une pétition pour me réclamer. Qu'elle *(la femme de chambre)* me monte un bonnet de linon, qu'elle m'envoie de mes chemises à petites raies de couleur et des blanches, des chemises, des mouchoirs et des fichus et tout ce qu'elle pourra envoyer, et que ma femme de charge m'envoie une douzaine de serviettes d'office et aussi des serviettes pour la toilette, des draps de lit.

« Henriette verra le juge de paix de Marly pour qu'il fasse mon certificat de résidence. Il faudra me l'envoyer pour que je le signe et je le renverrai pour qu'on le fasse signer par neuf témoins. Si elle n'a pas le temps de me monter un bonnet blanc, qu'elle envoie un de couleur et des détails sur ce qui se passe dans la maison si elle est bien gardée. »

Le juge de paix, le certificat de résidence, les bonnets, les nouvelles, pêle-mêle, car il faut à cette femme de tête, seule face à l'adversité, penser à tout à la fois. Jamais peut-être n'a-t-elle été aussi émouvante que dans cette lettre.

Dès le 2 octobre, Jeanne reprend le combat. Elle dénonce les agissements de Greive aux membres du Comité de sûreté générale :

« Vous devez vous rappeler que le Comité de sûreté générale de la Convention nationale, par son arrêté qui vous a été communiqué, avait mis ma personne et mes biens sous la sauvegarde du département et celle de la municipalité de Louveciennes. La religion du Comité avait été surprise, celle des nouveaux membres du Comité vient de l'être également. Mais ces ordres qui n'étaient fondés que sur une mesure de sûreté générale viennent d'être transgressés formellement, car son intention n'a jamais été sans doute de mettre mes meubles et mes effets à la merci de mon ennemi, de celui qui s'est déclaré tel hautement. Jamais l'intention du Comité n'a été de le voir, à mon lieu et place, disposer souverainement de ma maison, de mes effets : ils n'ont pas cessé d'être sous votre sauvegarde, sous votre protection, sous l'égide de la loi, dont l'exécution a été remise entre vos mains pour toute l'étendue du département.

« J'ose donc invoquer avec confiance cette surveillance, cette sollicitude paternelle que tous vos administrés ont toujours trouvées en vous. Que le citoyen Greive exécute la loi et les ordres qui lui ont été donnés ; mais qu'il n'aille pas au-delà ; que ma maison et mes effets ne soient pas au pillage ! Il vous doit compte de l'exécution des ordres dont il est chargé dans votre ressort.

« Que m'impute-t-on ? De l'incivisme et ma fortune. Mais ma fortune même, les effets trouvés chez moi sont une preuve de mon attachement à ma patrie. Si avec la facilité que j'ai eue de passer plusieurs fois en Angleterre je n'eusse pas aimé mon pays, n'aurais-je pas trouvé les moyens d'y faire passer la majeure partie de ma fortune et ainsi abandonner le sol de la France ? Je ne dois donc la persécution que j'éprouve qu'à mon attachement à ma patrie. Vous me saurez gré, citoyens administrateurs, de tout ce que j'ai fait pour la cause de la Révolution, vous ne me laisserez pas opprimée plus longtemps, je l'attends avec confiance de votre justice et de votre humanité.

La citoyenne du Barry. »

Si ce n'était une clause de style, cet appel à « la justice et à l'humanité » paraîtrait d'une naïveté incroyable en ce mois d'octobre 1793 où, accélérant les procédures, le Tribunal révolutionnaire envoie déjà des fournées de condamnés à la guillotine. Jeanne apprend, chaque jour ou presque, le supplice de l'une ou l'autre de ses connaissances, ami ou ennemi. Le 16 octobre, ce sera celui de Marie-Antoinette. Mais elle s'obstine à penser que la mort n'est pas pour elle. On reconnaîtra son innocence. Peut-être est-ce pour cela qu'elle refuse le moyen de s'évader qu'est venu lui proposer un prêtre irlandais qui avait réussi à aller jusqu'à elle en corrompant les geôliers.

– Pouvez-vous sauver deux personnes ? lui demanda-t-elle.

– Hélas, non ! Mon plan ne me permet pas d'en sauver plus d'une.

– Alors sauvez la duchesse de Mortemart. Elle est cachée dans un grenier à Calais sous le nom de Mortimer ; voici son adresse et un mandat sur mon banquier, volez à son secours.

Jeanne avait sauvé la fille de Brissac ! Le fait demeure, même si certains lui ont prêté l'arrière-pensée moins noble de maintenir en vie l'exécutrice testamentaire de son amant.

Le 30 octobre, deux délégués du Comité se rendent à la maison d'arrêt de Sainte-Pélagie à fin d'interroger la citoyenne du Barry.

Ils ont en main le long mémoire préparé par Greive qui établissait quinze chefs d'accusation. Pour y parvenir, le délateur avait torturé la correspondance de Jeanne saisie à Louveciennes, faisant dire aux mots ou aux phrases ce qui pouvait la compromettre, y ajoutant des commentaires fielleux, insinuant de perfides explications aux sommes prêtées à tel ou tel, tant en Angleterre qu'en France ; ainsi les 200 000 livres reçues par Rohan-Chabot auraient servi à l'insurrection de Vendée.

Il serait fastidieux de reproduire tout au long l'interrogatoire conservé par les Archives Nationales [1], car il n'apporte rien de nouveau aux accusations ni aux justifications données. Néanmoins, il faut souligner la présence d'esprit de Jeanne, son sang-froid lors de ce premier interrogatoire. Ainsi à la question :

– Connaissez vous le général Custine [2] ?

– Je l'ai connu comme toutes les personnes qui allaient à la Cour lorsque j'y étais, mais je ne l'ai pas connu particulièrement, je ne crois pas même lui avoir parlé.

– Connaissez-vous le fils du général Custine ?

– Je ne le connais pas plus que le père.

– Comment se fait-il alors que ces deux lettres écrites par Custine en date des 13 et 24 février 1793, à Berlin, se soient trouvées parmi vos papiers ?

– J'étais logée dans l'hôtel de Brissac avant l'époque du mois de juin dernier ; en écrivant un jour sur un bureau, j'emportai par mégarde ces deux lettres dont j'ignore le contenu et m'en étant aperçue en rentrant chez moi, je les ai mises dans un secrétaire sans en avoir jamais pris lecture.

Aucune question ne la trouble, elle y répond sans paraître avoir à réfléchir. Elle déjoue tous les pièges, tel celui qu'on lui tend en lui demandant si, au cours de ses voyages, elle avait eu des rapports particuliers avec les émigrés :

---

1. Voir l'annexe « L'interrogatoire de Mme du Barry » en fin de l'ouvrage.

2. Philippe, comte de Custine, a participé à la guerre d'Indépendance américaine. Député de la Noblesse aux Etats Généraux, un des premiers à s'être rallié au Tiers. A la tête des armées du Rhin en 1792. Maréchal de camp en 1793. Rendu responsable de la perte de Mayence et de la défaite sur l'Escaut. Destitué et accusé d'entente avec l'ennemi, il est guillotiné en août 1793. Son fils, Armand, le sera en 1794.

– J'ai vu quelques Français qui étaient à Londres et que j'avais connus. Il m'était difficile de leur fermer ma porte.

Et, à la demande des enquêteurs, elle ne fait aucune difficulté pour les nommer quoique ces noms soient ceux de contre-révolutionnaires notoires, comme Calonne ou d'Aiguillon.

De son ton et son comportement, ses juges sont amenés à conclure à sa naïveté alors qu'elle n'est qu'habile. Ainsi, à propos d'un abbé réfractaire dont on lui demande si elle le connaît, elle n'hésite pas à dire qu'il a fait chez elle plusieurs séjours dans l'appartement qu'elle lui avait donné « en reconnaissance des soins que sa tante avait eus pour elle durant son séjour à Pont-aux-Dames où elle avait été exilée ». Rappel adroit. Comment pourrait-on soupçonner d'agissements ou même de sympathie contre-révolutionnaires une célèbre victime de la monarchie !

Jeanne pensait être sortie victorieuse de cet interrogatoire et croyait sa libération proche. Mais le Comité de sûreté générale a transmis son dossier au Tribunal révolutionnaire. A la mi-novembre elle a comparu devant Dumas, le président du Tribunal, en présence de Fouquier-Tinville. Elle a répondu avec la même assurance aux éternelles mêmes questions. Quand cela finira-t-il ? Elle est à présent assez inquiète pour adresser à Fouquier-Tinville un ultime plaidoyer :

« Citoyen Accusateur public,

« J'espère que tu voudras bien, dans l'examen impartial que tu feras de l'affaire malheureuse que Greive et consorts m'ont suscitée au tribunal, ne voir en moi que la victime d'une intrigue pour me perdre…

« Je n'ai jamais fourni d'argent aux émigrés, je n'ai jamais entretenu de correspondance criminelle avec eux et si les circonstances m'ont engagée à voir, soit à Londres, soit en France, ou des personnes de la cour ou des personnes qui ne marchaient peut-être pas dans le sens de la Révolution, j'espère bien, citoyen Accusateur public, que tu sauras, dans la justice et l'équité de ton cœur, apprécier et les circonstances où je me suis toujours trouvée et mes liaisons connues et forcées avec le citoyen Brissac, dont la correspondance est sous vos yeux.

« Je compte sur ta justice ; tu peux compter sur la reconnaissance éternelle de la citoyenne.

Vaubernier du Barry. »

Pour la première fois, elle a conscience qu'elle peut chèrement payer sa longue liaison avec Brissac, « ... *liaisons connues et forcées* » – on songe au reniement de saint Pierre ! – traduit sa peur. Une peur que le silence de Fouquier-Tinville accroît. Sa réponse, elle l'aura le 3 décembre : il requiert le transfert, en urgence, à la Conciergerie, de « Jeanne Vaubernier, femme Dubarry » et de ses complices, les banquiers Vandenyver !

Dans la chambre de Marie-Antoinette qu'elle occupa, dit-on, « comme s'il eût été dans ses destins d'usurper jusque dans l'agonie la place et le lit d'une Reine [1] », on imagine sans peine l'effondrement de Jeanne. A qui, à quoi se raccrocher quand tant d'efforts pour faire valoir son innocence l'ont amenée là ? Son défenseur parviendra-t-il à la sauver du bourreau ? Il n'a pu sauver la reine, mais après tout Marie-Antoinette était coupable d'intelligences avec l'ennemi, tandis qu'elle, Jeanne du Barry, n'a rien commis de vraiment répréhensible, sinon quelques imprudences dues à son bon cœur, comme de venir en aide à d'anciennes connaissances dans la détresse.

Est-elle de bonne foi, Jeanne du Barry, ou à force de clamer son innocence s'en est-elle persuadé ? Elle veut bien passer pour étourdie, mais refuse d'être coupable, même d'avoir porté le deuil du roi lors de la messe célébrée à Londres, à sa mémoire : « *J'ai porté une robe noire, parce que je n'en avais pas de couleur* », dira-t-elle à ses juges.

Jeanne veut vivre. Pour cela il faut qu'elle soit innocente. Son avocat doit le prouver. Les jurés doivent le reconnaître. Il faut se redresser, réagir, se battre encore, espérer.

*

*   *

Ce 6 décembre, 16 frimaire de l'an II de la République, une et indivisible, l'audience du Tribunal révolutionnaire s'ouvre dans la grande salle de l'ancien Parlement de Paris.

---

1. Goncourt, *La du Barry*.

Les cinq juges, l'accusateur public et les douze sans-culottes choisis dans les sections parisiennes pour constituer le jury sont en place. On introduit les accusés. Jeanne a revêtu une simple robe blanche – le blanc lui va si bien –, un fichu de dentelle modestement croisé sur ses épaules. A la requête du président, elle décline son nom et son âge : quarante-deux ans ! La coquetterie n'a pas perdu ses droits.

Elle écoute l'acte d'accusation que débite le greffier et, déjà accablée, entend que Fouquier-Tinville n'a rien retenu des justifications qu'elle avait apportées lors de ses interrogatoires. Tout n'y est qu'affirmations mensongères, jusqu'au vol de ses bijoux qui passe pour avoir été simulé en concertation avec l'agent anglais Forth pour lui permettre d'aller à Londres se mettre en rapport avec les agents de la contre-révolution !

Et c'est le défilé des témoins. Deux jours durant. Greive s'y déchaîne. Salenave et Zamor déversent leur fiel ; les servantes de Jeanne, jadis si fidèles, se dérobent, mortes de peur. Le chevalier d'Escourt, qu'on a tiré de la Force où il est détenu, est censé témoigner de la véracité des dires de l'accusée au sujet de la somme prêtée à Rohan-Chabot. Il bredouille, s'emmêle dans ses explications, se contredit, si bien que Fouquier-Tinville se lève de derrière son bureau, sanglé dans son habit vert et coiffé de son chapeau noir pour foudroyer le malheureux d'Escourt : qu'on le transfère sur-le-champ à la Conciergerie comme complice de l'accusée du Barry.

Le redoutable accusateur public, Fouquier-Tinville, qui a fait du Palais sa demeure qu'il ne quitte ni le jour ni la nuit, abattant sa besogne comme un bûcheron, sans aucun état d'âme, a pris son élan en condamnant le chevalier d'Escourt à une mort prochaine. Il peut, le 7 décembre au soir, prononcer son réquisitoire contre l'accusée du Barry.

« Citoyens jurés,

« Vous avez prononcé sur les complots de l'épouse du dernier tyran des Français ; vous avez dans ce moment à prononcer sur les conspirations de la courtisane de son infâme prédécesseur. Vous voyez devant vous cette Laïs célèbre par la dissolution de ses mœurs, la publicité et l'éclat de sa débauche, à qui le libertinage seul avait fait partager les destinées du despote qui a sacrifié les trésors et le sang du peuple à ses honteux plaisirs. Le scandale et l'opprobre de son élévation, la turpitude et la honte de son infâme prostitution ne sont pas ce qui doit fixer votre attention. Vous avez à décider si cette Messaline née parmi le peuple, enrichie et couverte des dépouilles du peuple qui payait l'opprobre de ses mœurs, descendue par la mort du tyran du rang où le crime seul l'avait placée, a conspiré contre la liberté et la souveraineté du peuple ; si après avoir été la complice et l'instrument du libertinage des Rois, elle est devenue l'agente des conspirations des tyrans, des nobles et des prêtres contre la République française. Les débats, citoyens jurés, ont déjà jeté sur cette conspiration le plus grand jour. Vous avez dû saisir les traits de lumière que les dépositions des témoins et les pièces ont fournis sur ce vaste complot, sur cette conjuration exécrable dont les annales des peuples ne fournissent point d'exemple ; et certes jamais affaire plus importante ne s'est présentée à votre décision, puisqu'elle vous offre en quelque sorte le nœud principal des trames de Pitt et de tous ses complices contre la France… »

Trois heures de réquisitoire. Fouquier s'acharne sur l'accusée. Pour le besoin de sa démonstration, il triture les pièces du dossier fourni par Greive, escamote les réalités en faveur de l'accusée, fait apparaître ce qui n'existe pas. Le jury, étourdi par cet exercice d'illusionniste, consacre à peine une heure de cette journée interminable pour déclarer « ladite Jeanne Vaubernier, femme du Barry », coupable sur tous les chefs d'accusation et la condamner à la peine de mort.

Jeanne se trouve mal dans les bras des gendarmes. On la ramène à la Conciergerie pour ce qu'il lui reste à vivre. Son exécution est fixée à onze heures du matin. Nuit de terreur où traquée elle cherche la sortie du labyrinthe. Elle croit l'avoir trouvée. Elle dit qu'elle a des révélations à faire, supplie qu'on les entende. L'heure passe. On lui a déjà coupé les cheveux. Elle tremble. Enfin, un juge et le substitut de l'accusateur public consentent à l'écouter. Ce qu'elle leur livre, c'est un catalogue, la liste de tous les objets précieux cachés à Louveciennes que les fouilles n'ont pas découverts. Jeanne veut acheter sa vie. Elle a entendu dire que c'était pratique courante. Et si ces trésors ne suffisent pas, il y a encore les bijoux, oui, les bijoux qu'on lui a volés, car les témoins en ont menti comme sur tout le reste : elle les donne à la République.

Le juge note et sourit d'un sourire carnassier : la République, de toute manière, en héritera [1] !

*

* *

Le 16 octobre 1793, dans la lumière du matin, Marie-Antoinette, droite, impassible, acceptait la main du bourreau pour gravir le marchepied placé devant la charrette des condamnés. Deux mois plus tard, à huit jours près, on hisse Jeanne comme un ballot inerte dans l'infâme véhicule au côté des Vandenyver qui s'efforcent en vain de lui donner du courage. Tout au long de l'interminable trajet, où la rue Saint-Honoré et l'ex-rue Royale ont retenti des cris de haine contre « l'Autrichienne », ce sont les cris, les supplications de Jeanne que l'on entend. Des cris d'animal blessé mené à l'abattoir. Marie-Antoinette et Mme du Barry, ces deux femmes dont le destin a si souvent rapproché les deux noms et l'image, sont dans leur dernier horrible voyage comme les deux faces d'une même médaille frappée au déshonneur de la Révolution.

La charrette s'est arrêtée.

Marie-Antoinette est descendue de la sienne, en hâte, sans aide, elle a gravi « à la bravade » l'échelle qui mène à l'échafaud ; au passage, elle a marché sur le pied de l'exécuteur et lui en a demandé pardon, précisant que c'était par inadvertance. Jeanne, elle, hurle de terreur, se débat ; si elle n'avait pas les mains liées, elle aurait griffé, bête enragée de vivre. On doit la traîner jusqu'au couperet.

Encore une minute, monsieur le bourreau ! La phrase est célèbre et souvent répétée. Elle est apocryphe. Elle n'a jamais été prononcée sinon comme une réplique de tragédie. Elle exprime cependant la vérité de Jeanne. *Encore une minute,* non dans le dérisoire espoir de salut à la dernière seconde, mais pour pouvoir respirer encore, tourner son regard vers le ciel, fût-il comme à cet instant

1. Voir l'annexe « L'ultime déclaration de Mme du Barry le 8 décembre 1793 » en fin de l'ouvrage.

obscurci et pluvieux, *encore une minute* pour prier et pleurer, pour vivre !

Marie-Antoinette d'Autriche est morte en reine. Elle se le devait, elle le devait au peuple qui fut son peuple et qui se presse en foule, sur cette place, pour la regarder mourir.

Sur cette même place Louis XV, rebaptisée place de la Révolution et aujourd'hui quasi déserte parce que la nuit tombe tôt en décembre, qu'il pleut, et que le sort de l'ex-favorite du roi dont on a déboulonné la statue indiffère, Jeanne qui n'était pas reine, Jeanne qui fut seulement Jeanne Bécu, tour à tour l'Ange, la Beauvernier, la comtesse du Barry, puis « la femme Dubarry », meurt en criant son amour pour la vie. La Révolution aux mains de l'Incorruptible et de ses féroces lieutenants haïssait la vie et « l'insoutenable légèreté de l'être » dont la du Barry était et demeure le symbole, le mythe.

ANNEXES

L'APPARTEMENT DE Mme DU BARRY

(VERS 1770)

(d'après F. Verlet, *Le château de Versailles*)

1. Cour de marbre
2. Cour royale
3. Cour des Cerfs
4. Cour intérieure du roi
5. Degré du roi
6. Degré d'Epernon
7. Première antichambre
8. Bains
9. Salle à manger
10. Passage
11. Ancienne antichambre
12. Bibliothèque
13. Salon d'angle
14. Galerie
15. Chambre
16. Chaise
17. Garde-robe
18. Bibliothèque du roi
19. Cabinet du roi
20. Escalier

Les parties hachurées du plan ci-contre représentent les appartements de Mme du Barry.

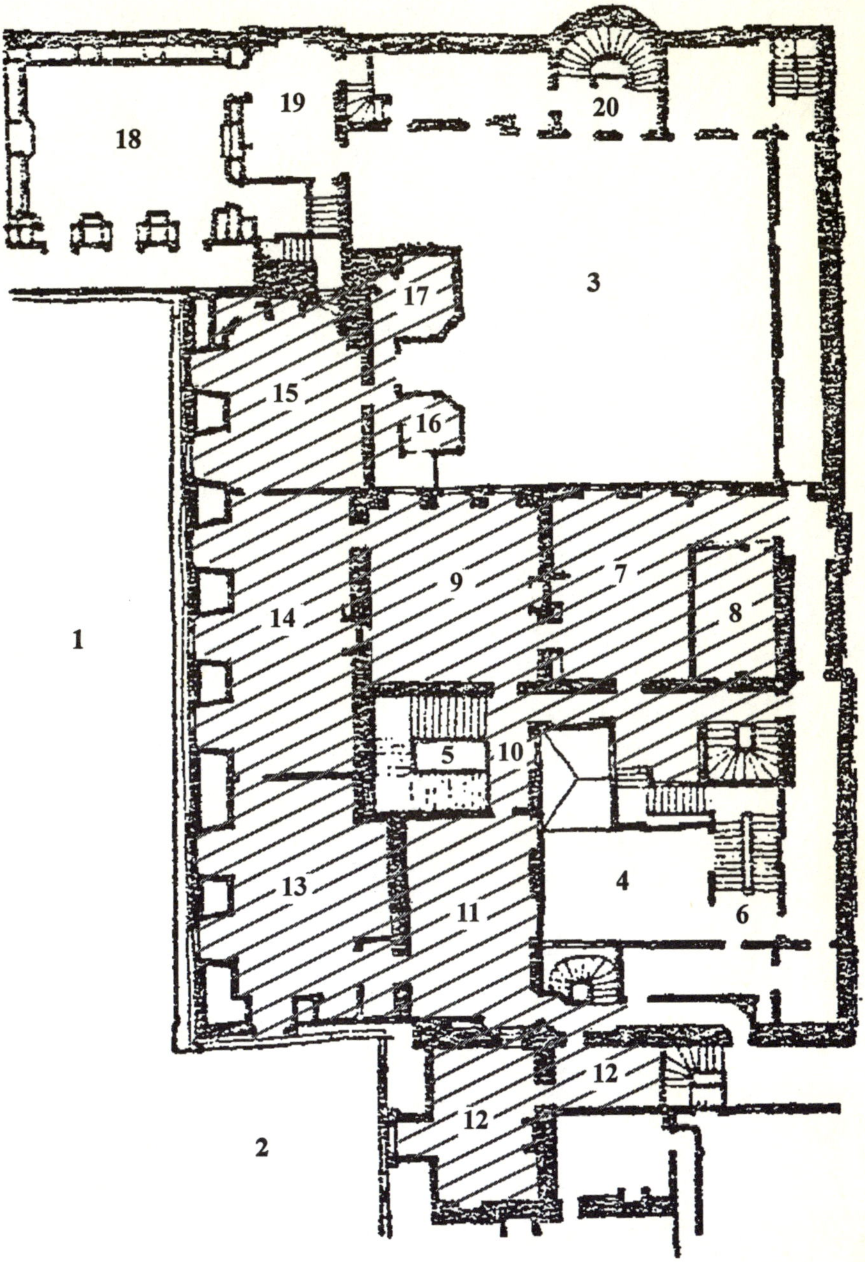
18
19
20
3
17
15
16
9
7
8
14
1
5
10
13
11
4
6
12
12
2

LE VOL DES BIJOUX

(Archives Nationales, dossier w[6] 300)

DEUX MILLE LOUIS A GAGNER
DIAMANS ET BIJOUX PERDUS

« Il a été volé chez madame du Barry, au château de Lucienne, près Marly, dans la nuit du 10 au 11 janvier 1791, les diamans et bijoux ci-après :

Une bague d'un brillant blanc, quarré long, pesant 35 grains environ, montée en cage ; une dit d'un brillant, pesant environ 50 grains ; une dite d'un brillant de 26 à 28 grains ; une dite d'un saphir quarré long, avec un Amour gravé dessus, et deux brillants sur le corps ; un baguier en rosette verte, renfermant 20 à 25 bagues dont une grosse émeraude ; pendeloque montre à jour pesant environ 36 grains, d'une belle couleur, mais très-jardineuse, ayant beaucoup de dessous ; une d'un onyx représentant le portrait de Louis XV dont les cheveux et les moustaches sont en sardoine ; une d'un César de deux couleurs, entourée de brillants ; une d'une émeraude quarré long pesant environ 20 grains ; une d'un brun puce, pesant 14 à 16 grains ; une d'un Bacchus antique gravé en relief sur une cornaline brûlée, une de sardoine jaune, gravée par Barrier, représentant Louis XIV entouré sur le corps de roses de Hollande fort vilaines ; une d'un gros saphir en cœur, montée à jour et entourée de diamans sur le corps et sur la moitié de l'anneau ; le saphir en cœur de Louis XIII et l'émeraude quarrée sont montés de même et garnis de diamans, de roses, de brillants. Plus dans ce baguier il y a un *bonus eventus* antique, gravé sur onyx sur le papier ; un brillant blanc pesant 29 grains ; un dit pesant 25 grains, trois dits *idem*, pesant chacun 28 grains ; deux brillants très beaux en boutons d'oreille, pesant chacun 50 grains ; deux brasselets ensemble de 24 grains, pesant 15 à 16 grains chaque ; une rose montée à jour de 258 brillans blancs, dont un gros au milieu, cristallin, pesant 24 grains environ : un collier de 24 beaux brillants montés en chaton à jour, de 15 à 20 grains chaque ; huit parties de rubans en bouillon, chacune de 21 brillants à jour, chaque brillant pesant depuis 4 grains jusqu'à 8 ;

une paire de boucles de souliers de 84 brillants, pesant 77 Karats, un quart : une croix de 16 brillants, pesant 8 à 10 grains chaque ; une belle paire de girandoles, en gros brillants, de la valeur de 120 000 livres ; une bourse à argent en soie bleue avec ses coulons, ses glands et leurs franges, le tout en petits brillants montés à jour ; un esclavage à double rang de perles avec sa chute, le tout d'environ deux cents perles, pesant 4 à 5 grains chaque ; un gros brillant au haut de la chute pesant 25 à 29 grains et au bas un gland à franges et son nœud, le tout en brillans montés à jour ; une paire de brasselets à six rangs de perles, pesant 4 à 5 grains chaque ; le fond du brasselet est une émeraude surmontée d'un chiffre en diamans en deux L pour l'un et d'un D et B pour l'autre et deux cadenas de quatre brillans, pesant 8 à 10 grains chacun ; un rang de quatre cents perles enfilées pesant 4 à 5 grains chaque ; un portrait de Louis XV peint par Massé, entouré d'une bordure d'or à feuilles de laurier ; le dit portrait de 5 à 6 pouces de haut ; un autre portrait de Louis XV peint par le même, plus petit, dans un médaillon d'or ; une montre d'or simple de Romilly ; un étui d'or à une dent émaillée en verd avec un très gros brillan au bout, pesant environ 12 grains, tenant sur le tout par une vis ; une paire de boutons de manches d'une émeraude, d'un saphir, d'un diaman jaune, d'un rubis, le tout entouré de brillans couleur de rose, pesant 36 à 40 grains de chaque côté, et trois autres petites bandes de deux chaînons chaque, pareils à ceux ci-dessus. Une barette d'un très gros brillant, quarré long, pesant environ 60 grains, avec trois grosses émeraudes dessous, pesant de 8 à 10 grains, avec deux brillans au deux côtés, pesant 1 grain chaque, montés à jour ; il est à observer que cette barrette n'est pas polie ; une bague d'un brillant d'environ 26 grains, montée à jour avec des brillants sur le corps ; deux girandoles d'or formant flambeaux montés sur deux fûts de colonne d'or, émaillées en lapis, surmontées de deux tourelles d'argent, de carquois et de flèches faites par Durand ; un étui d'or émaillé en verd, au bout duquel est une petite montre faite par Romilly, entourée de quatre cercles de diamans, et de l'autre des armoiries : deux autres étuis d'or, l'un émaillé en rubans bleus, et l'autre en émaux de couleur et paysages ; dix-sept diamans démontés de toute forme, pesant depuis 25 jusqu'à 30 grains chacun, dont une pendeloque montée, pesant 36 grains ; deux autres barrières de bracelets détachées également de quatre diamans chacune, pesant le même poids ci-contre ; soixante-quatre chaton dans un seul fil, formant collier, pesant 8, 9 et 10 grains chacun, en diamans montés à jour ; deux boucles d'oreilles de coques de perles avec deux diamans au bout ; un autre portait de Louis XV de Petitot ; un autre portrait de feu Monsieur, tous les deux en émail, ainsi qu'un portrait de femme également de Petitot ; un écritoire de vieux laque superbe, enrichie d'or et formant nécessaire, tous les ustensiles en or ; deux souvenirs, l'un en laque rouge et l'autre en laque fond d'or à figures, l'un monté en or et l'autre monté en or émaillé ; deux petits flambeaux d'argent de toilette, perlés et armoriés ; une boite de crystal de roche, couverte d'une double boite travaillée à jour ; pièces d'or portugaises ; guinées et demi-guinées d'Espagne ; une dite des Noailles, des Louis XV, frappées à peu près dans cette forme ; dans chaque angle de cette pièce sont des fleurs de lis ; une de M. Bignon, de M. de la Michaudière, de M. Caumartin, aux armes de la ville ; une de la régence ; plus de quarante diamans, pesant un Karat chaque ; deux lorgnettes, l'une émaillée en bleu, l'autre en rouge avec le portrait du feu Roi, toutes deux montées en or ; un souvenir en émail bleu avec des peintures en grisaille, représentant une offrande et de l'autre côté une jardinière avec un petit chien à longues oreilles ; un reliquaire d'un pouce environ, d'un or très pur, émaillé en noir et blanc ; une petite croix, montée dessus assez gothiquement, et une perle fine de la grosseur d'un pois au bas, et plusieurs autres bijoux d'un très grand prix.

« S'adresser à Lucienne, près de Marly, chez madame du Barry ; et à Paris chez Me Rouen, notaire, rue des Petits-Champs ; à M. Rouen, marchand orfèvre joaillier, rue Saint-Louis, au Palais ; et au clerc du bureau, rue des Orfèvres – Récompense honnête et proportionnée aux objets que l'on rapportera. »

L'INTERROGATOIRE DE Mme DU BARRY

(Archives Nationales, dossier w[1] 16)

« Du 99 du 2e mois (30 octobre 1793) de l'an II de la République française une et indivisible.

Les représentants du peuple, membres du Comité de Sûreté générale, en vertu des pouvoirs à eux délégués par le Comité ce jour d'hier se sont rendus dans la maison d'arrêt de Sainte-Pélagie où étant et ayant fait comparaître par devant eux la nommée Dubarry, lui ont fait subir l'interrogatoire suivant :

D – Comment vous appelez-vous ?

R – Jeanne Vaubernier Dubarry, âgée de 42 ans, demeurant habituellement à Luciennes dans une maison qui appartient tant à moi qu'à la nation.

D – Avez-vous fait à Londres divers voyages ?

R – J'en ai fait quatre.

D – Quels étaient les motifs de ces différents voyages et à quelle époque les avez-vous faits ?

R – C'est pour un vol de diamants et autres effets qui m'a été fait dans la nuit du 10 au 11 janvier 1791. Mon premier voyage a eu lieu le 17 février suivant, le second le 4 avril de la même année, le troisième dans le courant du mois de juin suivant et le quatrième en octobre de l'année 1792.

D – Avec qui avez-vous fait la route de Paris à Londres dans vos divers voyages ?

R – Le premier avec M. Escourt et une femme de chambre, deux laquais, un valet de chambre et le nommé Rouen, joaillier à Paris ; le second avec les mêmes personnes, le troisième de même à l'exception du jardinier qui ne s'y est rendu que durant l'intervalle du séjour et le quatrième avec un valet de chambre, une femme de chambre et un laquais.

D – A qui avez-vous durant votre voyage laissé dans votre demeure la conduite de vos affaires ?

R – Mes affaires qui n'étaient que domestiques ont été confiées à un valet de chambre nommé Morin.

D – Par qui receviez-vous à Londres l'argent dont vous pouviez avoir besoin pour l'entretien et la conduite de votre procès ?

R – Par le citoyen Vandenyver, banquier à Paris, rue Vivienne, qui m'avait donné une lettre de crédit sur Thélusson, banquier à Londres, et c'est dans mon dernier voyage que j'ai fait usage de cette lettre de crédit.

D – Votre procès est-il jugé ?

R – Mon, procès a été jugé le 27 février de la dernière année qui était le dernier jour du terme.

D – Dans les derniers voyages que vous avez faits à Londres avez-vous pris des passeports ?

R – Oui.

D – De qui avez-vous pris le dernier ?

R – De la municipalité de Louveciennes, visé par le département de Seine-et-Oise. J'avais obtenu les autres de la municipalité de Paris et du ministre des Affaires étrangères Montmorin.

D – Avez-vous, dans votre dernier voyage, réclamé du ministre des Affaires étrangères un passeport ?

R – Oui, mais il me l'a refusé. Alors je me suis adressée à ma municipalité ainsi que M. Lebrun me l'avait indiqué et j'en ai obtenu un passeport qui a été visé par le directoire de Versailles et le département de Seine-et-Oise et je suis partie avec ce seul passeport.

D – Le temps que vous deviez passer à Londres n'était-il pas limité dans votre passeport ?

R – Le temps n'était pas limité et ne pouvait pas l'être raisonnablement puisqu'il s'agissait d'un procès.

D – Pendant le temps que vous étiez à Londres, il est émané de la Convention nationale divers décrets qui obligeaient tous les Français sortis de la République depuis une certaine époque d'y rentrer sous peine d'être réputés émigrés et d'être traités comme tels. En avez-vous eu connaissance ?

R – J'ai eu connaissance des décrets mais je n'ai pas cru qu'ils puissent me regarder, étant sortie pour une cause connue et avec un passeport.

D – Des personnes qui s'intéressaient à vous vous ont écrit pour vous engager à rentrer en France afin d'éviter la peine que vous pouviez encourir, vu les derniers décrets rendus contre les personnes qui étaient hors de la République. Pourquoi avoir négligé ces avis ?

R – Je ne me rappelle pas d'avoir reçu aucune lettre contenant un pareil avis ; si j'en eusse reçu, j'y aurai déféré.

A l'instant nous avons exhibé une lettre par laquelle le citoyen Vandenyver écrivait le 19 novembre 1792 à la répondante pour la prévenir que « les décrets de la Convention nationale étaient très fulminants contre ce qu'il appelle les sujets absents que l'on qualifiait d'émigrés ». La répondante en reconnaissant la présente lettre a excipé de la phrase suivante :

« Cependant je pense que vous ne pouvez pas être regardée comme telle, attendu les passeports dont vous êtes munie et qu'il est notoire que le voyage n'a pas d'autre but que le procès qui est connu généralement. »

Sur cette phrase la répondante a fondé le motif qui l'a déterminée à prolonger son séjour à Londres jusqu'à la fin du jugement de son procès qui a été jugé le 27 février étant partie de Londres le 2 mars.

Et de suite nous avons paraphé la dite lettre avec la répondante qui a signé avec nous.

D – Pendant votre séjour à Londres la guerre a été déclarée entre la République française et le roi de Grande-Bretagne. Comment dans cette circonstance n'avez-vous pas quitté le territoire ennemi ?

R – Que la guerre a été déclarée peu de temps avant son départ et que son procès était à la veille d'être terminé, elle a prolongé son séjour afin de s'épargner un nouveau voyage pour le jugement de son procès.

D – Pendant que vous étiez à Londres ne s'est-il pas présenté de votre part au commencement de cette année un particulier chez un banquier qui avait un dépôt d'argent considérable qui vous appartenait ? Ce particulier n'a-t-il pas annoncé au banquier que votre intention était de prêter une somme de 200 000 livres qui serait hypothéquée sur des biens-fonds ?

R – J'ai effectivement chargé M. Encours de se rendre chez M. Vandenyver pour y prendre les 200 000 livres que j'avais chez ce banquier pour les remettre autant qu'il m'en souvienne à mon notaire afin de les prêter à M. Rohan-Chabot qui avait des offices à rembourser sur ses terres.

D – N'avez-vous pas chargé ce même Encours de retirer chez Vandenyver une pareille somme de 200 000 livres qui a été réellement retirée, déposée chez un notaire pour être prêtée à toute autre personne que Rohan-Chabot ?

R – Non, c'est la même somme.

D – N'avez-vous pas prêté, à la même époque, par l'intermédiaire de Vandenyver, une somme de 200 000 livres à l'évêque de Rouen ?

R – Non, ce ne peut être que celle prêtée à Rohan-Chabot et je persiste à dire que c'est à cette seule personne que j'ai prêté 200 000 livres.

Et de suite, nous avons présenté à la répondante une lettre à elle écrite, pendant son séjour à Londres en date du 27 janvier 1793 par Vandenyver où on lit ce qui suit :

« C'est dans ces circonstances qu'un citoyen est venu nous dire que votre intention était que vous lui fourniriez une somme de 200 000 livres pour les prêter à l'évêque de Rouen par des biens-fonds et qu'il faudrait les payer cette semaine.

Nous lui avons répondu que cette somme était prête ; mais qu'il était nécessaire que vous nous autorisiez et donniez ordre positif par une lettre de faire ce paiement pour vote compte et qu'en attendant, si cela était nécessaire, nous déposerions ces 200 000 livres chez le notaire de M. l'Evêque. »

La répondante après avoir lu et relu cette lettre ci-dessus a persisté à soutenir qu'elle ne connaît rien à cet article de la lettre et qu'elle n'a prêté qu'une somme de 200 000 livres qu'à Rohan-Chabot.

Et de suite nous avons paraphé la dite lettre avec la répondante qui a signé avec nous.

D – Avez-vous connu le général Custine ?

R – Je l'ai connu comme toutes les personnes qui allaient à la Cour lorsque j'y étais, mais je ne l'ai pas connu particulièrement, je ne crois pas même lui avoir parlé.

D – Connaissez-vous le fils du général Custine ?

R – Je ne le connais pas plus que le père.

A l'instant nous lui avons représenté les copies de deux lettres écrites par Custine en date des 13 et 24 février 1793 à Berlin. Et nous avons demandé à la répondante comment il se faisait que ces deux pièces se soient trouvées parmi les papiers.

R – J'étais logée dans l'hôtel de Brissac avant l'époque du mois de juin dernier ; en écrivant un jour sur un bureau, j'emportai par mégarde ces deux lettres dont j'ignore le contenu et m'en étant aperçue en rentrant chez moi, je les ai mises dans un secrétaire sans en avoir jamais pris lecture.

Et suite nous les avons paraphées avec la répondante qui a signé avec nous.

D – Quelle est la personne qui vous a écrit le 13 du mois de mai dernier cette lettre signée RRR ?

R – C'est la ci-devant princesse Rohan-Rohan-Rochefort.

D – Quel est le particulier qu'elle vous a mené et qu'elle vous annonce sous le nom de *coadjuteur en habit, déchu de ses espérances chimériques* ou qui le sont devenues du moins *de par la nation et qui, comme dit Clémentine, nous dérichent* ?

R – C'est son fils Jules qui était ou devait être coadjuteur de Strasbourg.

D – L'avez-vous vu ?

R – Oui.

D – De qui est la lettre qui vous a été écrite de la Meillerie le 9 avril 1793 ?

R – Cette lettre est de la marquise de Mortemart qui écrit de la Meillerie, terre appartenant à sa mère.

D – Quelle est cette amie à laquelle vous avez fait passer de la part de la ci-devant marquise de Mortemart ce billet ?

R – C'est la belle-sœur de madame de Mortemart qui porte le même nom et qui était à Londres et que je crois depuis le mois de novembre à Calais sous le nom de Mortimer [1].

D – Quel est cet ami dont il est parlé dans la lettre qui a été chargé par celle qui l'a écrite de vous faire des remerciements ?

R – Je n'ai point vu d'ami.

D – De qui est cette lettre qui vous est adressée en date du 5 juin ?

R – Elle est de madame de Mortemart qui me l'a écrite d'Aix-la-Chapelle.

D – Quel est ce monsieur dont le nom est en blanc ?

R – C'est le mari de Mme de Mortemart.

D – Quel est le nom qui est effacé au verso de la même lettre ? Est-ce vous qui l'avez effacé et pourquoi ?

R – J'ignore quel est ce nom et ce n'est pas moi qui l'ai effacé.

D – Quelle est cette personne sûre à Paris par qui cette lettre vous est parvenue ? Comment lui avait-elle été adressée pour vous la remettre ?

1. Si Mme du Barry livre ce renseignement, c'est qu'elle est certaine que la fille de Brissac, grâce à elle, n'est plus à Calais.

R – J'ignore par quelle voie elle est parvenue.

Et de suite la dite lettre a été par nous paraphée avec la répondante qui a signé avec nous.

D – Qui est la personne qui vous a écrit une lettre datée de dimanche matin ?
R – C'est une princesse polonaise, nommée Lubormirska qui me l'a écrite à ce que je crois, dans le courant d'avril de la présente année, de Paris.
D – Y a-t-il longtemps qu'elle est en France ? Et savez-vous dans quel lieu elle se trouve en ce moment ?
R – J'ignore depuis quelle époque et le lieu qu'elle habite actuellement.
D – L'avez-vous vue chez vous et dans quel temps ?
R – Je l'ai vue plusieurs fois d'abord en 1789 et ensuite en juin de la présente année. Je crois qu'elle reste du côté de Chaillot, elle logeait autrefois dans le palais Salm.
D – Quelle explication pouvez-vous donner sur le sens de cette lettre ?
R – Je ne puis vous en donner aucune, attendu que ce n'est pas moi qui l'ai écrite. Si je l'avais écrite, je vous expliquerais le sens dans lequel je l'aurais fait.

Et de suite nous avons paraphé ladite lettre avec la répondante qui a signé avec nous.

D – De qui est la lettre datée du Val, ce dimanche 28 août ?
R – Elle est du maréchal de Beauvau. Je la crois de très ancienne date, c'est à dire de 1791.
D – Quel est cet Anglais dont il est fait mention dans la lettre ? Qui pouvait faire passer des lettres ?
R – C'est le nommé Forth qui avait découvert le vol de mes diamants et m'avait ramenée en France le 25 août 1793.

Et de suite nous avons paraphé, etc.

D – Qui vous a écrit à la date du 3 avril ?
R – C'est M. Dangeviller, directeur des Bâtiments du Roi, qui me l'a écrite en 1791.
D – A qui était destiné la lettre qui vous priait de vous charger en vous disant : il n'y a point d'adresse mais Mme la Comtesse sait à qui elle doit la remettre ?
R – Cette lettre était pour Mme de Calonne à qui elle n'a point été remise parce que j'ai oublié.

Nous avons paraphé, etc.

D – Dans les divers voyages que vous avez faits à Londres, avez-vous eu des rapports particuliers avec les émigrés français qui se trouvaient dans cette ville ?
R – J'ai vu quelques Français qui étaient à Londres et que j'avais connus. Il m'était difficile de leur fermer ma porte.
D – Quels sont ceux que vous avez vus plus particulièrement ?
R – M. de Crussol, M. de Poix, M. de Cahouet, M. de Calonne. Je n'ai vu ce dernier que le jour de mon arrivée, attendu qu'il est parti le lendemain. Je voyais également les femmes de ces MM. ainsi que M. d'Aiguillon que j'ai vu une seule fois. Je fréquentais plus particulièrement les Anglais.

D – Avez-vous donné ou fait donner de l'argent aux émigrés réfugiés à Londres ?

R – Je ne leur ai fait donner aucun argent ; mais il m'était dû par une Anglaise 134 guinées depuis mon second voyage à Londres et durant le dernier voyage que j'y ai fait, j'ai chargé Mme de Crussol de s'en faire payer si elle pouvait et elle m'a donné un reçu de cinquante louis attendu que la totalité de la somme était destinée pour deux personnes.

D – Quelle est cette autre personne ?

R – C'est l'évêque de Lambez qui était à Londres où je crois qu'il a été déporté. J'ajoute que mon intention a toujours été d'être remboursée.

D – Quel est le nom de cet évêque ?

R – Blor de Chavigny.

D – Comment était stipulé le reçu qui vous a été fait par Mme de Crussol de cinquante louis ?

R – Je ne me rappelle pas. J'ai perdu le reçu ; je ne sais pas où je puis l'avoir mis.

D – Donnez-nous l'explication d'un compte tenu par vous et d'après lequel vous avez distribué beaucoup de guinées à divers personnes à Londres, telles que les nommées Pauline, Henriette, Fortuné, M. Melines et Frondeville.

R – La nommée Pauline est Mme de Mortemart, la nommée Henriette est ma femme de chambre, le nommé Fortuné est anglais. Frondeville est le président du Parlement de Rouen. Les sommes que j'ai comptées à Mme de Mortemart étaient pour des effets dont j'avais besoin ; celles distribuées à Henriette, ma femme de chambre, avaient le même objet ; Melines qui était chargé de la poursuite de mon procès avait fait des avances que j'avais dû rembourser ; les nommés Fortuné et Frondeville étaient chargés de jouer pour mon compte, je leur ai attribué à l'un 22 guinées et à l'autre 25 qui m'ont été rendues.

D – Avez-vous vu en France le nommé Frondeville ?

R – Je l'ai vu une seule fois, ayant été amené chez moi par M. Lavopalière et c'était dans le temps de l'Assemblée constituante dont Frondeville était membre.

D – Connaissez-vous un abbé nommé La Roche [1] ?

R – Je connais un abbé Fontenilles qui est venu plusieurs fois chez moi et qui y a fait, en différentes fois, plusieurs séjours, lui ayant donné un appartement séparé dans ma maison, en reconnaissance des soins que sa tante avait eus pour moi durant mon séjour au Pont-aux-Dames où j'avais été exilée. Mais je ne l'ai pas revu depuis le mois de septembre de l'année dernière, ignorant ce qu'il était devenu depuis cette époque.

De quoi nous avons dressé le présent procès-verbal que nous avons signé avec la nommée Dubarry, le dit procès-verbal contenant trois feuilles au bas desquelles nous avons signé :

Dubarry, Jagot, Voulland. »

---

1. L'abbé La Roche-Fontenilles, neveu de l'abbesse de Pont-aux-Dames, guillotiné le 6 brumaire an II.

L'ULTIME DÉCLARATION DE Mme DU BARRY LE 8 DÉCEMBRE 1793

(citée par Mme Guénard dans
Mémoires historiques
de Jeanne Gomard de Vaubernier Dubarry)

« Cejourd'hui 18 frimaire, l'an second de la République française, une et indivisible, dix heures du matin ; sur ce qui nous a été annoncé que Jeanne Vaubernier, femme du Barry, avait des déclarations importantes à faire ;

Nous, François-Joseph Denisot, juge au tribunal révolutionnaire ; assisté de Claude Royer, substitut de l'accusateur public près ledit tribunal, et de Jean-Baptiste Tavernier, commis greffier, nous nous sommes transportés en la maison de justice de la Conciergerie, où nous avons trouvé le citoyen Dangé, administrateur de police, et la dite Jeanne Vaubernier, femme du Barry, laquelle nous a dit :

1e Que dans l'endroit où l'on resserre les instruments du jardinage, en face de sa glacière, à Luciennes, se trouve enterré un nécessaire d'or, composé d'un plateau de porcelaine, monté en or, une théière en or, une bouilloire, un réchaud à l'esprit-de-vin, un pot au lait, une grande cafetière, une écuelle sous couvert et son assiette, trois petites cuillères, une petite passoire à théière, cent jetons à ses armes et au chiffre D. B. ; le tout d'or et d'un travail très précieux ; observant que les manches des dits sont en jaspe sanguin et montés en or.

2e Dans une boîte en corbeille enterrée dans le même endroit, quinze cent trente et un louis d'or de vingt-quatre livres chaque ; une chaîne de diamants avec ses deux glands et la clef montée à jour ; deux chaînes d'oreille, composée chacune de neuf ou dix pierres, celles de devant fort grosses ; trois anneaux, un de diamants blancs, un en rubis et en diamants blancs, un en émeraude et diamants blancs ; une très belle pierre gravée, montée avec chaînes d'or pour collier ; deux colliers de corail, dont l'un monté en or ; un collier de perles fines ; des chaînes d'oreille aussi en perles fines ; un collier de perles d'or et deux ou trois chaînes d'or pour cou ; un portrait de Louis XV entouré d'un cadre d'or.

3e Dans une petite boîte de sapin, remise à l'épouse du nommé Déliant, frotteur, demeurant à Luciennes, une montre à répétition enrichie de diamants ; un petit paquet de quatorze ou seize diamants de 5 à 6 grains chaque ; un paquet de petits rubis ; deux petits diamants plats, pour monter en bagues ; un autre portrait de Louis XV, dans un laboratoire, monté et plaqué en or ; un petit enfant en forme de tirelire, en or émaillé bleu ; seize demi-guinées neuves et deux guinées enveloppées dans du papier ; une paire d'éperons d'or avec des chiffres appartenant à feu M. de Brissac ; une petite boîte de carton renfermée dans celle ci-dessus, dans laquelle est une chaîne en émeraude en diamants, dont un grand pesant 30 grains ; les glands de laquelle chaîne se trouvent dans la boîte énoncée au deuxième article ; observant que dans l'article deuxième ou troisième il se trouve un crayon d'or enrichi de diamants ; une boîte pareillement remise à la femme Déliant, renfermant un moutardier d'or, un petit plateau et deux gobelets d'or, et plusieurs autres objets qui ne reviennent pas à sa mémoire ; deux caves remplies de flacons de cristal de roche, dont l'une lui appartient et l'autre à feu Brissac ; lesdits flacons garnis en or ; un autre gobelet de cristal avec un couvercle d'or, appartenant audit feu Brissac ; une petite écuelle de vermeil avec son plateau.

4e Un coffre de velours bleu garni en argent doré, placé sous un escalier, dans une chambre formant garde-robe, à côté de celle qu'elle occupait, dans lequel coffre il y a une douzaine de couverts d'or armoriés, quatre cuillères à sucre, deux cuillères à olives, une cuillère à punch, le tout d'or ; un étui renfermant douze cuillères à café en or, plusieurs portraits de femmes ; deux cachets d'or, dont un de bureau et un petit ; trois médailles représentant le pont de Neuilly, la seconde l'Ecole de chirurgie et la troisième l'Hôtel des Monnaies ; deux autres médailles représentent les mariages des ci-devant princes, aussi en or : une très grande médaille d'or appartenant au feu Brissac et quelques autres effets qu'elle ne peut désigner ; plus deux poignards turcs montés en rubis et autres pierres.

5e Dans la chambre à côté de celle à coucher, servant de passage, dans la commode, une paire de boucles en or, garnies de perles, une petite boîte d'or unie ; une boîte d'écaille blonde montée en or, avec le portrait d'une religieuse ; un bouchon de flacon d'or émaillé en bleu, avec un gros diamant.

6e Dans une commode, dans la chambre à coucher, un pot à eau et sa cuvette de cristal de roche garnie en or ; deux coupes de jaspe sanguin montées en or ; un bracelet antique monté en or, composé de différentes pierres ; un gobelet de cristal de roche et deux carafes et le plateau, le tout monté en or ; vingt et une ou vingt-deux bagues de différentes pierres gravées, montées en or ; une boîte montée en cage d'or, avec le portrait de l'épouse de Brissac ; un portrait de la fille de ce dernier, monté en or ; un autre de son frère ; une boîte d'écaille blonde montée en or, avec une très belle pierre blanche gravée, où est le portrait de Brissac et de la déclarante ; une boîte de jaspe montée en or, émaillée ; une autre boîte de nacre et de perles, montée en or ; un portrait en émail de la grand-mère de Brissac ; deux tasses d'or avec leurs manches de corail et quelques autres objets appartenant à Brissac.

7e Dans la cave à usage ordinaire, sous l'escalier, un grand seau, neuf douzaines et sept assiettes, dix-huit flambeaux, dont trois à deux branches ; une douzaine de casseroles ; une grande et une petite marmite, le tout en argent ; dix-neuf grandes cloches d'argent ; soixante-quatre plats aussi d'argent, et autres objets d'argenterie dont l'état est chez elle.

8e Plusieurs figures de différentes espèces et en bronze, une partie doit être dans un des bosquets près le pavillon ; une autre au-dessus du pavillon ; le tout légèrement couvert de terre.

9e Dans le jardin de Morin, valet de chambre, se trouvent cachés onze sacs de 1240 doubles louis rapportés de Londres à son dernier voyage ; une boîte d'écaille montée en or, sur laquelle est le portrait de Marie-Antoinette fait par Sauvage, dans laquelle se trouvent une médaille d'or et quelques autres objets qui sont à la connaissance de Morin, qui a été chargé par elle de cacher tous lesdits objets contenus dans le présent article.

10e Observe qu'elle a en dépôt chez Morlan, A. Moncelet et Ramson et compagnie, banquiers à Palmers, à Londres, tous les articles relatifs au vol, excepté ceux soulignés en marge et portés en l'imprimé de la récompense promise pour la découverte du vol en général, lequel a été paraphé par elle et par nous, ainsi que par le citoyen Dangé.

11e Qu'elle a confié au citoyen Montrouy une seringue d'argent et trois canons aussi d'argent, une petite demi-aune pliante en or ; une bague nommée *atriades* ; un portrait de Brissac ; deux couteaux à ôter la poudre, à lames d'or, avec deux petits cercles de diamants et manches et un petit cachet d'or avec une émeraude ; observant qu'elle a reçu dudit Montrouy deux cents cinquante ou trois cents livres à titre de prêt, ainsi que le coucher dont elle a fait usage pendant sa détention jusqu'à ce jour.

Lecture faite des déclarations ci-dessus, a dit icelle contenir vérité et n'avoir autre chose à déclarer ; ajoutant que si c'est le bon plaisir du tribunal, elle écrira à Londres, et que sans difficulté, elle recouvrera les objets concernant son vol, en payant toutefois les frais qu'a occasionnés le procès ; et a signé avec nous, Denisot, juge, Royer, substitut de l'accusateur public ; Jeanne Vaubernier du Barry ; Dangé, administrateur de police ; Tavernier, commis greffier.

A la suite de cette déclaration, deux perquisitions eurent lieu, le 13 et le 14 décembre, au château et au pavillon de Louveciennes. Morin, lors de son interrogatoire, se défendit d'être le confident de Mme du Barry :

« Il avait la confiance de sa maîtresse plutôt en apparence que de fait ; qu'on ne le jugeait jouir de la confiance entière de la Dubarry que parce que sa qualité de valet-de-chambre le mettait plus à portée de recevoir les ordres de sa maîtresse, et de donner les ordres de cette dernière à ceux attachés à son service ; qu'au surplus il était trop ami de la vérité pour se refuser à la fidélité d'aucunes déclarations, pour rien dissimuler sur tout ce qui pourrait nous donner des lumières à l'égard de la femme Dubarry [1]. »

Sous les indications de Morin, on déterra les objets cachés dans son jardin, et on découvrit d'autres dépôts qui ne figuraient pas dans la déclaration de Mme du Barry comme « deux couverts et une cuillère à café en or marqués de trois fleurs de lis en or incrustés ; deux couteaux à lame d'or montés en porcelaine de Sèvre ». Quant à l'argent, il sembla que la somme retrouvée était

1. Interrogatoire de Morin devant les commissaire, juge de paix et maire (déposé aux Archives nationales).

inférieure à celle mentionnée. Les explications de Morin parurent sur ce point bien embrouillées.

Son zèle à répondre à l'ordre du Tribunal révolutionnaire ne sauva pas Morin de la guillotine : il fut exécuté le 23 décembre.

Quant à la femme de chambre, « la femme Roussel », épouse du frotteur Déliant, à l'issue de son interrogatoire, convaincue d'indélicatesse et de mensonges, elle se trancha la gorge avec un rasoir.

Ce qui restait de l'argent trouvé chez Mme du Barry, après que le citoyen Greive, à la disposition duquel les représentants du peuple l'avaient remis pour subvenir aux besoins du moment, eut considérablement réduit la somme, fut remis à la Trésorerie nationale ; linge, literie, sucre et eau-de-vie envoyés à Saint-Cyr devenu hôpital militaire. Cinquante objets d'art, tableaux, bustes, vases, etc., déposés dans les musées, les livres de Mme du Barry à la bibliothèque de Versailles.

On mit en vente le mobilier l'argenterie, les bijoux, diamants, cristaux, etc., après inventaire et appréciation de la commission sans que celle-ci consentît à payer la totalité des créanciers qui lui avaient présenté leurs mémoires.

Louveciennes mis aux enchères fut adjugée le 7 août 1795 à un certain Delapalme pour 6 000 000 en assignats. »

ÉLÉMENTS BIOGRAPHIQUES

AIGUILLON

Emmanuel Armand de Vignerot Duplessis de Richelieu, duc d'Aiguillon (1720-1788).

Arrière-petit-neveu du cardinal de Richelieu, comme son cousin, le maréchal de Richelieu.

Maréchal de camp à 28 ans, puis lieutenant général ; gouverneur de la Bretagne qu'il s'applique à moderniser de 1753 à 1768. En 1756, au début de la guerre de Sept Ans, il rejette les Anglais à la mer lors de leur tentative de débarquement à Saint-Cast avec l'aide des miliciens bretons. Mais dans sa volonté de rénovation administrative et financière, il se heurte au procureur général du parlement de Rennes, Caradeuc de La Chalotais, défenseur des privilèges locaux et célèbre par ses réquisitoires contre les jésuites. La Chalotais entraîne toute la noblesse bretonne contre le gouverneur, accusé de ruiner le peuple par les embellissements des villes et l'ouverture de nouvelles routes ; la levée d'une nouvelle taxe fiscale nécessitée par la guerre de Sept Ans met le feu aux poudres. Une lutte ouverte s'engage contre le représentant du roi mais qui n'est qu'un épisode que mènent dans tout le royaume les parlements contre l'autorité royale.

Démissionné de son gouvernement de Bretagne, d'Aiguillon trouve à la cour le soutien de la comtesse du Barry. Avec le chancelier Maupeou et le contrôleur général des finances Terray, il forme un triumvirat antiparlementaire, antiautrichien et antichoiseuliste et soutient Maupeou dans sa réforme de la justice. Après la disgrâce de Choiseul à laquelle il aura contribué, il sera ministre des Affaires étrangères jusqu'à la mort de Louis XV. Il ne jouera plus aucun rôle politique.

AIGUILLON

Armand, fils du précédent, duc d'Aiguillon en 1788. Député de la Noblesse aux Etats Généraux. Noble libéral, il fait voter le 4 août 1789 l'abolition des privilèges. Combat les Autrichiens comme maréchal de camp dans l'armée du Rhin en 1792, mais émigre après le 10 août.

CHOISEUL

Etienne François, comte de Stainville puis duc de Choiseul (1719-1785).
Fils d'un grand chambellan du duc François de Lorraine, petit-fils du baron de Beaupré, gouverneur de Saint-Domingue.
Brillant officier, maréchal de camp en 1748, lieutenant général en 1759.
La sœur de sa femme, fille du riche financier Crozat, est l'intime de Mme de Pompadour. Grâce à une lettre volée, il débarrasse la marquise d'une rivale qui s'institue sa protectrice et le lance dans la carrière diplomatique : ambassadeur à Rome en 1753 où il règle avec Benoît XIV l'épineuse affaire de la bulle *Unigenitus*, à Vienne en 1756 où il prépare le renversement des alliances et le mariage du dauphin et de l'archiduchesse Marie-Antoinette.
Avec l'appui de Mme de Pompadour, il devient secrétaire d'Etat aux Affaires étrangères en 1758, ministère qu'il cède à son cousin le duc de Praslin pour garder la Guerre et la Marine de 1761 à 1766, devenant ainsi une sorte de Premier ministre, s'occupant de tout avec autorité.
Négociateur du « Pacte de famille » avec les Bourbons de Madrid, de Parme et de Naples (1761), signataire du traité de Paris avec les Anglais (1763), il réussit à récupérer les « isles » et les comptoirs de l'Inde. Pendant son ministère, Lorraine et Corse sont réunies au royaume.
Louis XV lui vouera une confiance totale avant de le disgracier le 24 décembre 1770 et de l'exiler dans sa terre de Chanteloup, près d'Amboise. Il ne reviendra jamais aux affaires, ni à la cour en dépit de l'amitié de Marie-Antoinette, amitié qu'elle conservera à son fils, un des exécuteurs malchanceux du plan de la fuite à Varennes.

MAUPEOU

René, Nicolas, Augustin de Maupeou (1714-1792).
Fils du premier président du Parlement de Paris, avait suivi lui-même la filière de la magistrature : conseiller, président à mortier, premier président de 1743 à 1757. Eclipsé par Lamoignon puis rappelé en 1763 comme garde des Sceaux, avec l'assentiment de Choiseul, en 1768.
Après la disgrâce de Choiseul, à laquelle il avait contribué, il exerce avec le contrôleur général des Finances, l'abbé Terray, et le ministre des Affaires étrangères, le duc d'Aiguillon, un triumvirat jusqu'à la mort de Louis XV.
En 1771, il exile le Parlement de Paris ; puis, pour mettre fin à la puissance parlementaire, il réorganise le système judiciaire en confiant les attributions des parlements au Conseil d'Etat et ensuite aux conseils supérieurs établis à Arras, Blois, Clermont-Ferrand, Lyon et Poitiers.
Disgracié sous Louis XVI, il se retire aux Andelys et échappe à la vindicte de la Révolution grâce à un don patriotique de 800 000 livres.

MAUREPAS

Jean Phélypeaux, comte de Maurepas et de Pontchartrain (1701-1781).
Sa famille est représentée au Conseil du Roi depuis 1610. Il y entre en 1715

avec la charge de secrétaire d'Etat, charge qu'assumera son futur beau-père, le comte de La Vrillière, jusqu'en 1725.

Ennemi de Mme de Pompadour qu'il trouve « excessivement commune, une bourgeoise déplacée et qui veut déplacer tout le monde si on ne parvient pas à la déplacer elle-même », il couvre la favorite de ridicule par des « poissonades ». Ses insolences causèrent, en 1749, sa disgrâce et son exil à Bourges puis dans sa terre de Pontchartrain. Rappelé aux affaires par Louis XVI, il eut jusqu'à sa mort tout le pouvoir d'un Premier ministre.

RICHELIEU

Louis François Armand de Vignerot, duc, maréchal de France (1696-1788). Homme de guerre.

Petit-neveu du cardinal, fils d'Armand de Vignerot, général des galères. Porte d'abord le titre de duc de Fronsac. Dès son adolescence, il se rend célèbre par sa galanterie et ses frasques, qui le feront embastiller. Il le sera trois fois. Rentré en grâce à la Régence, il est nommé gouverneur de Cognac en 1722 où il se montre un négociateur habile, puis ambassadeur à Vienne durant quatre ans.

En 1744, il est nommé premier gentilhomme de la chambre du roi et devient un familier de Louis XV auprès duquel il jouit de la plus grande faveur sans pour autant accéder au gouvernement.

Il participe à la guerre de Succession de Pologne et y fait preuve d'incontestables dons militaires. Maréchal de camp en 1738, il s'illustre à la victoire de Fontenoy (1745). Il est nommé maréchal de France en 1748. Pendant la guerre de Sept Ans qui opposa la France, l'Autriche et leurs alliés à l'Angleterre et la Prusse, il dirige l'expédition de Minorque et s'y couvre de gloire par la prise de Port-Mahon en 1756. En 1757, il conquiert le Brunswick et le Hanovre, mais se laisse aller à des brigandages qui le font surnommer « Petit Père la Maraude ».

Mme de Pompadour ayant obtenu son rappel, il rentre dans la vie privée, tout occupé de libertinage, d'intrigues et de cabales.

D'une étonnante verdeur, il convola une troisième fois à l'âge de 74 ans, l'année même de la disgrâce de Choiseul, et mourut à 92 ans.

GÉNÉALOGIE DES PRINCES DU SANG

MAISON DES BOURBON-CONDÉ

Branche cadette des Bourbon-Vendôme, descendants de Robert, fils de Saint Louis, comte de Clermont, époux de Béatrice, dame de Bourbon.

- Antoine, duc de Bourbon-Vendôme, ép. Jeanne d'Albret, reine de Navarre
  - Henri IV
- Louis I, prince de Condé (1530-1559), ép. Françoise de Longueville
  - Henri I
    - Henri II, prince de Condé, ép. Charlotte de Montmorency
      - Louis II, le Grand Condé, « Monsieur le Duc », ép. Claire de Maillé
        - Henri III prince de Condé
          - Louis III, prince de Condé, ép. Françoise de Bourbon (Mlle de Nantes)
            - Louis IV, duc de Bourbon, prince de Condé
            - Thérèse épouse Louis-Armand II (1696-1727)
        - Adélaïde épouse François-Louis I, comte de Clermont, prince de Conti en 1685
      - Armand, prince de Conti, ép. une nièce de Mazarin
        - François-Louis I, comte de Clermont, prince de Conti en 1685
        - Louis-Armand I

Louis Joseph (1736-1818),
8e prince de Condé
Brillant chef de guerre.
Signe la protestation des princes en 1771,
puis en 1787 dans l'Assemblée des Notables.
Adopte des idées réformatrices,
émigre en 1789 : Hollande, Turin, Worms,
organise « l'armée de Condé » en 1792

Louis Henri Joseph (1756-1830),
duc de Bourbon,
9e et dernier prince de Condé
ép. Louise d'Orléans,
père du duc d'Enghien (1772, fusillé à Vincennes en 1804 par Bonaparte).
Emigre avec sa famille en 1789,
commande un corps dans l'armée de son père.
La chute de l'Empire le ramène en France.
Tente de soulever la Vendée durant les Cent-Jours,
mais ne suit pas Charles X en exil.
Meurt suicidé ou assassiné par sa maîtresse

Louis François (1717-1776),
prince de Conti
ép. Diane d'Orléans, fille du Régent.
Ecarté de l'armée par Mme de Pompadour,
partisan des parlements,
chef de l'opposition à Maupeou

Louis François Joseph (1734-1814),
comte de la Marche, prince de Conti
Soutient la monarchie absolue et Maupeou.
Royaliste intransigeant en 1789, il
émigre puis revient prêter serment civique en 1 '90.
Incarcéré en 1793, puis acquitté,
il est banni par le Directoire.
Les princes de Conti s'éteignent avec lui

Henriette
ép. Louis-Philippe,
duc d'Orléans

Les contemporains de Mme du Barry sont en gras.

MAISON D'ORLÉANS

Louis XIII

Louis XIV
roi de France

Philippe II (1640-1701)
duc d'Anjou puis d'Orléans
ép. 1) Henriette d'Angleterre
2) Charlotte, princesse Palatine

Philippe III (1674-1723)
duc de Chartres puis d'Orléans
ép. Françoise de Bourbon,
fille légitimée de Louis XIV et de Mme de Montespan,
Régent à la mort de Louis XIV

Louis III (1703-1752)
duc d'Orléans dit le Pieux

Louis-Philippe (1725-1785)
duc d'Orléans
ép. 1) Louise-Henriette de Bourbon-Conti
2) Jeanne de Montesson

Louis-Philippe (1747-1793)
duc de Chartres
duc d'Orléans en 1785
« prince français » en 1791
« Philippe Egalité » en 1792
ép. Marie-Adélaïde de Penthièvre
(sœur du prince de Lamballe).
Très populaire, il est ouvertement opposé
au pouvoir royal sous Louis XV.
Attaque Maupeou, ce qui lui vaut d'être
exilé en 1771.
Rentré en grâce à l'avènement de Louis XVI,
mais défaveur auprès de Marie-Antoinette.
Ne paraît plus à la cour. Porte-parole
de l'opposition à la monarchie.
Le « Prince Rouge » siège à la Convention
avec les Montagnards.
Vote la mort de Louis XVI et la création du
Tribunal révolutionnaire.
Devient pourtant suspect après la trahison
de Dumouriez qui entraîne son fils (le futur
roi Louis-Philippe). Il est condamné à mort
en novembre 1793.

Thérèse (1750-1822)
ép. Louis Joseph
duc de Bourbon, prince de Condé

Les contemporains de Mme du Barry sont en gras.

SOURCES

ARCHIVES

BIBLIOTHÈQUE NATIONALE, *Comptes de Mme du Barry.*

ARCHIVES NATIONALES, *Dossier du Tribunal révolutionnaire, documents saisis à Louveciennes, dénonciations. Procès-verbaux des séances du Tribunal.*

BIBLIOTHÈQUE DE LA VILLE DE VERSAILLES, *Dossier Madame du Barry.*

BIOGRAPHIES

BRISSAC (duc de), *Les Brissac, Maison de Cossé,* Paris, 1952.

CASTRIES (duc de), *La du Barry,* Paris, 1967.

FAUCHIER-MAGNAN, *Les du Barry. Histoire d'une famille au XVIIIe siècle,* Paris, 1934.

FORTEAU (C.), *Lavallery, Officier municipal d'Etampes et madame du Barry,* Etampes, 1907.

FAVROLLE (Mme GUÉNARD de), *Mémoires historiques de Jeanne Gomard de Vaubernier, comtesse du Barry,* 4 vol., Paris, 1803.

GONCOURT (E. et J. de), *La du Barry.* éd. augmentée de lettres et documents tirés de la Bibliothèque Nationale, de la Bibliothèque de Versailles, des Archives Nationales et des collections particulières, Paris, 1878.

LAMOTTE-LANGON, *Mémoire de Mme du Barry sur la ville, la cour et les salons de Paris sous Louis XV,* Paris, 1829 (roman historique).

LEROY (A.), *Mme du Barry,* Paris, 1941.

LE ROY (J.-A.), *Madame du Barry,* d'après les cartons des Archives de Seine-et-Oise, Versailles, 1858.

LEVRON (J.), *Le Destin de Mme du Barry,* Paris, 1961.

MULLER (D.), *Une traînée de poudre,* Paris, 1985.

PRAVIEL (A.), *Mme du Barry et sa famille,* Paris, 1932.

SAINT-ANDRÉ (C.), *Mme du Barry, d'après les documents authentiques,* Paris, 1909.

VATEL (C.), *Histoire de Mme du Barry d'après ses papiers personnels,* Versailles, 1877-1883, 3 vol.

MÉMOIRES-CORRESPONDANCES-JOURNAUX

ALLONVILLE (comte d'), *Mémoires secrets 1770-1830,* Paris, 1838.

BACHAUMONT (L. Petit de), *Mémoires secrets pour servir à l'Histoire de la République des Lettres en France,* Londres, 1773.

BARBIER (Ed. J. Fr), *Journal historique et anecdotique du règne de Louis XV,* Paris, 1847-1856.

BESENVAL (baron de), *Mémoires*, Paris, 1821.

CAMPAN (Mme), *Mémoires 1774-1792*, présentés par Jean Chalon, Paris, 1988.

CHOISEUL (duc de), *Mémoires*, éd. par Guiciardi et Bonnet, Paris, 1987.

CROŸ (duc de), *Journal inédit*, éd. par le comte de Grouchy et P. Cottin, Paris, 1906.

DUTENS, *Mémoires d'un voyageur qui se repose*, Paris, 1806.

ESPINCHAL (comte d'), *Journal*, éd. par E. d'Hauterive, Paris, 1912.

HARDY, *Journal des événements tels qu'ils parviennent à ma connaissance*, B. N ms fr. 6680-82.

LIGNE (prince de), *Mémoires du Prince de Ligne*, par A. Lacroix, Bruxelles, 1860. *Mémoires,* édition du centenaire par E. Gilbert, Paris, 1914.

RICHELIEU (maréchal-duc de), *Mémoires du maréchal et duc de Richelieu*, Paris, 1868 (apocryphes). *Mémoires authentiques du Maréchal de Richelieu*, publiés par la Société de l'H. de Fr., Paris, 1918.

SOULAVIE, *Mémoires du maréchal-duc de Richelieu, Mémoires historiques et politiques du règne de Louis XV*, Paris, 1793.

TALLEYRAND (Ch.-M.. de), *Mémoires*, Paris, 1982.

VIGÉE-LEBRUN (Mme), *Mémoires d'une portraitiste*, illustrés, préface de Jean Chalon, Paris, 1989.

Correspondances de Mme du Deffand, d'Horace Walpole.

Correspondances secrètes de Louis XV, de Marie-Thérèse, de Marie-Antoinette et de Mercy-Argenteau, publication par Arneth et Geoffroy.

Journal des Inspecteurs de M. de Sartine, Paris, 1863.

SUR LA VIE A VERSAILLES ET A PARIS

ANTOINE (M.), *Louis XV*, Paris, 1989.

BLUCHE (F.), *La vie quotidienne de la noblesse française au XVIIIe siècle*, Paris, 1973.

CAPON, *Les maisons closes du XVIIIe siècle*, Paris, 1903.

CHALON (J.), *Chère Marie-Antoinette*, Paris, 1995.

CHAUSSINAND-NOGARET (G.), *La noblesse au XVIIIe siècle*, Paris, 1976.

GAXOTTE (P.), *Le siècle de Louis XV*, Paris, 1963.

HERVÉ-PIREAUX (F.-R.), *Les Temples d'Amour au XVIIIe siècle*, Paris, 1910.

LEVRON (J.), *La vie quotidienne à la cour de Versailles aux XVIIe et XVIIIe siècles*, Paris, 1965.

NOLHAC (P. de), *Le château de Versailles au temps de Louis XV*, Paris, 1898. *Versailles et la Cour de France*, Paris, 1925-1930.

VERLET (P.), *Le château de Versailles*, Paris, 1985.

TABLE

CHEZ LE MÊME ÉDITEUR

Collection "Les Grandes Dames de l'Histoire"

LA PRINCESSE DE LAMBALLE
Mourir pour la reine
par Michel de Decker

•

MADAME DE MONTESPAN
La favorite du Roi-Soleil à son zénith
par Michel de Decker

•

LES JEUNES AMOURS DE LOUIS XV
Les Demoiselles de Mailly-Nesle
par Michel de Decker

•

LA DUCHESSE D'ORLÉANS
Epouse de Philippe-Egalité, mère de Louis-Philippe
par Michel de Decker

•

LA REINE HORTENSE
La fille adoptive de Napoléon face à son tumultueux destin
par Claude Dufresne

•

MARIE WALEWSKA
L'épouse polonaise de Napoléon Ier
par Claude Dufresne

•

LA REINE CHRISTINE
La très secrète et scandaleuse reine de Suède
par Ivan Gobry

•

LA DUCHESSE DU MAINE
Louise-Bénédicte de Bourbon, princesse de Condé
par Jean-Luc Gourdin

•

AIMÉE DE COIGNY
Ardente et passionnée, elle brava la Révolution et l'Empire
par Monique de Huertas

•

LOUISE DE LA VALLIÈRE
De Versailles au Carmel
par Monique de Huertas

•

MARIE-JOSÈPHE DE SAXE
L'émouvante et dévouée mère de Louis XVI
par Monique de Huertas

•

MADAME ÉLISABETH
La sœur martyre de Louis XVI
par Monique de Huertas

•

MADAME ROYALE
L'énigmatique destinée de la fille de Louis XVI
par Monique de Huertas

•

LA DUCHESSE DE BERRY
L'aventureuse mère du dernier roi de France
par Monique de Huertas

•

MARIE MANCINI
Le premier amour de Louis XIV
par Françoise Mallet-Joris